U0693834

超级沟通术

超实用、有效的口才提升技巧

吴明轩◎著

中国出版集团

现代出版社

图书在版编目(CIP)数据

超级沟通术 / 吴明轩著. —北京：现代出版社，
2017.4
ISBN 978-7-5143-5403-4

Ⅰ. ①超…　Ⅱ. 吴…　Ⅲ. ①人际关系学—研究
Ⅳ. ①C912.11

中国版本图书馆CIP数据核字（2017）第043728号

超级沟通术

作　　者	吴明轩	
责任编辑	魏　巍	
出版发行	现代出版社	
地　　址	北京市安定门外安华里 504 号	
邮政编码	100011	
电　　话	010-64267325　010-64245264（兼传真）	
网　　址	www.1980xd.com	
电子邮箱	xiandai@cnpitc.com.cn	
印　　刷	三河市金泰源印务有限公司	
开　　本	710mm×1000mm　1/16	
印　　张	16	
版　　次	2017 年 5 月第 1 版　2017 年 5 月第 1 次印刷	
书　　号	ISBN 978-7-5143-5403-4	
定　　价	39.80 元	

版权所有，翻印必究；未经许可，不得转载

序：所谓情商高，就是会说话

　　1995 年，美国心理学家丹尼尔·戈尔曼在其畅销全球的《情感智商》一书中详细阐述了"情商"对于人生的重要作用。他说，情商才是你我人生的真正主宰。一个人成功与否，智商只能起到 20% 的作用，而情商却能起到 80% 的作用。连马云都说，情商与成功息息相关。

　　情商是一种情感潜能与特质，是包括情绪、意志等因素在内的一种综合品质。想要游刃有余地生存在这个世界上，你得具备一定的高情商。

　　所谓情商高，就是会说话。会说话，是一种情商高的重要体现。在人生的不同阶段，我们将遇到不同层次的谈话对象。如何运用出色的谈话技巧，来凸显我们的高情商，体现我们为人处世的智慧，对于每一个人来说都至关重要。一句恰到好处的话，可以在顷刻间改变一个人的命运；一句张皇失措的话，足以摧毁一段美好的人生。

　　苏格拉底说："这个世界上存在着一种能力能够让人用最快的速度建功立业，并获得世人的称赞与赏识，那就是令人喜悦的说话能力。"美国人类行为科学研究者汤姆森曾断言："出现在成功人士身上的奇迹，至少有一半来源于口才。"

　　会说话的人，在各种社交场合中如鱼得水，长袖善舞，左右逢源；

不会说话的人，却只能被拥挤的人群无情地推向一旁，孤独地待在那人际死角里迟迟无法出头。

会说话的人，一张嘴便可抵得上十万雄兵，身处顺境，那串串妙语便如锦上添花；横遭逆境，那句句激辩仿似雪中送炭。不会说话的人，哪怕实力再强大，那干涩生硬的话语也撑不起一个宏伟梦想。战国时苏秦，靠着出众的口才周旋于诸国之间，那一场场精彩至极的游说争辩使他千古留名。近代英国的铁血首相丘吉尔，凭借高超的演讲功力和杰出的应变能力，成功度过一场场政治危机，收尽人心。

著名作家朱自清先生说："人生不外言动，除了动就只有言，所谓人情世故，一半是在说话里。"可以说，领略了说话的魅力，你便可洞彻一大半的人情世故及人生至理。

说话，是最容易的事，因为它司空见惯，黄口小儿也会说话。说话，同时也是最难的事情，因为它实在有着太多的规则与技巧，哪怕最善辞令的外交官、演说家也有满嘴跑火车的时候。语言的含义与范围实在是太丰富了，它与诸多因素都息息相关。

不同的话由不同的方式不同的人说出，所传达的意思可能截然不同。同一件事，由不同的方式不同的人描述，结果也天差地别。正因如此，你要充分重视说话的艺术，努力去挖掘出自身的潜力。

蔡康永说："把说话练好，无疑是最划算的事。"高情商人士们运用着各种语言技巧驰骋在生活、职场与社交间，叫你我羡慕不已。想要成为人生的大赢家，要从学会说话开始。

想要练好口才，你得从基本功开始，循序渐进，积累经验，一步步向上攀登。你要试着去和陌生人交流，把握闲谈节奏，做好聊天引导，运用各种技巧去搭建沟通的桥梁。你要塑造自己特有的魅力，不断完善自我风格；你要察言观色，看准时机，同时重视换位思考；你要认清赞美的力量，句句话都说到别人的心坎上；你要掌握说话的分寸，揣摩清楚聊天对象的所思所想。

公众演讲时，你要言之有物，自信开场，自如收场。谈判桌上，你要曲言婉至，善用"威胁"，灵活机变，步步紧逼。聊天陷入尴尬的时候，你要临危不乱，善用自嘲，巧妙应对，破冰有术。你要将各种口才禁忌牢记心中，任何时刻都不跨雷池一步。

无论是成功交友还是促成谈判、高效成事、顺利说服、巧妙回击，你都可以从本书中找到答案。如何说话才能拥有打动人心的力量？如何攻破木讷内向、不爱说话、恐惧发言等疑难杂症？如何领悟说话艺术的真谛？请让这本书见证并伴随你成长。

目 录

第6章　掌握说话的分寸，深谙中庸平和之道

第7章　大方演讲，当众说话的口才技巧

第8章　让说服变成艺术，讨价还价中的学问

第1章　练好口才的必备基本功

讲好话，首先要学会面带微笑

话有三说："真说，假说，巧说。"无论是真说还是假说，只要说得巧，一句话就能让人笑，一句话又能让人跳。很多时候，说什么并不重要，重要的是你怎么去说。同样的话，由不同的人表达，用不同的方式去表达，所起到的效果也大大不同。这甚至能够决定一场交流的最终成败。

寒暄奉承，求人办事，你得学会"恭"其所需，在那之前，记住先管理好你的表情。讲好话，首先要学会面带微笑。戴尔·卡耐基说："一个人脸上的表情比他身上穿的更重要。"美国金融巨头查尔斯·斯瓦博说："微笑是没有国界的语言，我的笑容价值百万美元。"微笑的力量远远超过你的想象。

美国家喻户晓的、创造出全新成功学的拿破仑·希尔这样总结微笑的力量："真诚的微笑，它的效果如同一枚神奇的按钮，能立即接通他人友善的感情，当你微笑的时候，你无疑是在告诉对方：我喜欢你，我愿意做你的朋友；你同时也在用你的笑容告诉对方：我相信你一定也会喜欢我。"

有一个王牌推销员，多年来一直持续着卓著的业绩，很多人问她成功的秘诀，她却总是一脸神秘的样子，闭口不言。实际上她成功的秘诀实在是太简单了，那就是微笑。每次她在敲开陌生人的门之前，总会拿出随身携带的化妆镜，仔细将脸上的表情调整到最佳状态。当人们打开房门的时候，出现在眼里的一定是一位打扮入时、举止得体、笑容灿烂的优雅女子，她正是靠着这样的笑容积累了一大批忠实的客户。

即使你天生木讷并不善于表达感情，即使你生就一副僵硬冰冷的"扑克脸"，也要强迫自己去微笑。人不是独居动物，想要在这个社会上生存下去，你就要学会生存的法则。微笑是你的通行令，它让你畅通无阻；打好微笑这张"感情牌"，它便能让你无往不利。

富兰克林·贝特格是美国著名的推销员，他的经验告诉他，只有保持微笑，才能争取更多成交的可能。在和客户见面的过程中，富兰克林·贝特格无时无刻不在保持着微笑，哪怕对方态度傲慢冷漠，哪怕这笔生意成交的可能性为零。他的坚持为他赢得了巨大的成功，他成了最伟大的推销员之一，同时也成了最受欢迎的人。

一个公司老总坐上了去上海的早班飞机，临出发前，他突然觉得胃有点不舒服，便向空姐招招手道："麻烦您给我倒杯白开水，我需要吃点胃药。"

空姐笑容洋溢，礼貌询问道："先生，为了您的安全着想，等飞机进入平稳飞行状态后，我再给您送水过来，好吗？"

老总通情达理地点了点头。十几分钟后，白开水还是没有送来，老总只觉得胃里火烧火燎，他拿出纸巾，擦了擦额头上的汗珠，按响了乘客服务铃，机舱里立刻响起尖锐的铃声。不一会儿，只见那位空姐端着水快步来到老总的面前，微笑中充满了歉意："先生，实在是对不起，因为我的疏忽，造成您没有按时服药……"

老总打断了她的话，呵斥道："你也太不负责任了，这飞机早就进入到平稳飞行的状态了，你把人晾在这里十几分钟，有你这样服务的吗？"

空姐赶紧将白开水恭敬地递给老总，满怀着歉意地说："先生，实在对不起，我的工作太忙了，忘记了给您倒水，我看您脸色很不好，请您先吃药……"

老总服过药后，无论空姐怎么解释，他始终一副耿耿于怀的样子，不肯原谅空姐工作上的疏忽。

接下来的几个小时里，空姐只要一到客舱，都会来到老总的面前，向他询问是否需要其他服务。尽管老总始终是一副不理不睬的样子，空姐却一直保持着温柔的嗓音和礼貌的态度，最让人印象深刻的是她一直挂在脸上的热情洋溢的微笑。

快到上海了，空姐再一次来到了老总的面前，微笑着向他询问是否需要什么帮助。老总只淡淡地说："帮我把乘客留言册拿来吧。"空姐犹豫了几秒钟，绽开笑容道："好的。"

她很快拿来了乘客留言册，在递给老总之前，她真诚地说道："先生，请您允许我再一次向您表达歉意，这一次确实是我工作上的疏忽，无论您对我有何批评，我都会欣然接受！"

老总并没有说什么，只低着头在乘客留言册上洋洋洒洒地写了起来。

写完后老总将乘客留言册递给空姐，突然向她伸出了右手，空姐愣了，也怔怔地伸出手。两人握手的间隙，老总微笑着朝她说："你是我见过的服务最周到、最贴心的空姐，谢谢你！"

空姐彻底愣住了，等老总下飞机后，她打开乘客留言册，惊讶地发现那位先生写下的是一封表扬信，表扬的对象却是自己。信中，老总说："我想是你的微笑让我放弃了投诉，你的微笑深深地打动了我。我很满意你的服务，以后有机会我一定还要乘坐这班飞机！"

微笑拥有着非凡的力量，它可以帮助我们有效地缓解负面情绪，它使你的生活变得更加快乐。微笑可以帮助你成功拉近与他人的距离，它使人们对你印象深刻，它使人们不自觉想要和你亲近。微笑会让你在生活中多出很多便利，当你热情微笑的时候，你几乎不用付出任何代价，便能赢取太多意想不到的好处，这堪称一本万利。

突破自我，你先要不害怕当众说话

说话是一门极其深奥的艺术，这里面的"水"实在是太深了，哪怕再会说话的人也不敢打包票说自己已经完全掌握了这门艺术。再开心的事情，我们也要挑着场合说；没把握的事情，切记谨慎地说；得意的事情，一定要低调地说；别人的事情，能不说就不说。批评有批评的技巧，拒绝有拒绝的技巧，哪怕是闲谈聊天，也自有其一套规章和法则。

所谓"路漫漫其修远兮，吾将上下而求索"，想要成为一个说话高手，就得一步步慢慢来，多实践，多注意积累经验。而想要做到这一切，第一步就是要不惧怕说话，抓紧一切场合去说话。万事开头难，千万不要小瞧了这一步。

实际上，对于普通人来说，在公共场合发言有时候是一种极其痛苦的考验。我们每个人或多或少都对当众说话怀有一种恐惧的心理。而对于极端内向的人来说，开口就越发变得难上加难，哪怕是面对熟人，他们也不太擅长去表达内心真实的想法。

想要克服这个毛病，首先要将这种心理摸透。害怕说话、抗拒表达的人，往往对自己怀抱着极度不自信的态度。他们害怕在别人面前暴露短处，担心会受到人们的讥讽和嘲笑。正是由于这种自卑心理在作怪，他们分外害怕人们注意到自己，害怕人们的目光落到自己的脸上。为了减少这种关注度，他们会想方设想逃避一切需要说话和用说话表达自我的场合。

有的人在成长的过程中，可能是因为受到了某种挫败和打击，才逐渐放弃了说话的欲望。每当他们在表达情感或意见的时候，非但没有得到呼应，还一次次受到打压，久而久之，他们逐渐对说话这件事情失望起来，甚至充满了恐惧的情绪。归根结底，还是因为失去了自信心。

有的人是因为某些不好的经历才害怕当众说话。这些经历在他们的心里埋下了一颗恐惧的种子，纠缠在他们记忆里，让他们变得越来越封闭，越来越害怕在众人面前暴露自己。

　　作家毕淑敏在小说《女心理师》中刻画了一个叫作"苏三"的外交官，虽然他平日里说话幽默机智、妙语连珠，一到了正式的外交场合，却会紧张到面红耳赤、语无伦次。原来这位外交官患上了发言恐惧症。

　　正是小学五年级时候的一段不好的回忆，让苏三患上了如此严重的心理疾病。记得那一次，外校的领导来听课，课刚上到一半，领导突然向班上的学生提了一个问题，一下子打乱了班主任的计划。班上的学生都惴惴不安地低下了头，班主任朝着一向品学兼优的苏三使了个眼色，示意他起来回答问题。苏三迫于压力，抖抖索索地举起了右手，脑海中却一片空白……

正是那次经历之后，苏三便恐惧上了当众发言，一旦遇到大的正式场合，他便会紧张、痛苦到极点。

想要突破自己，想要克服这种怯场心理，想要改变这种害怕交流、抗拒沟通的现状，就要努力尝试着去改变自己的心态，让自己变得更加自信。对于内向、容易害羞的人来说，更要不断地去构建、加强自己的自信心。念念不忘自己的缺陷和短处的人会陷入自卑的死胡同，自信的人总会首先考虑到自己的长处，他们更深信"天生我材必有用"。

想要克服那种当众说话的恐惧心理，我们就要学会以积极的心态去面对那些批评、建议乃至是嘲讽、否定。对那些害怕当众说话的人来说，他们最畏惧的是听到别人否定的评价。正所谓"哪个人后无人说"，只要生存在这个世界上，就一定会被人评论、指点，不管别人对你有何评论，都不要轻易放在心上，否则你很容易迷失自己。

任何事情都是熟能生巧的，对当众说话就会莫名紧张的人来说，一定要在日常的生活中多加锻炼，直到完全熟悉那种感觉、那套流程。训练的时候要讲究方式方法，要循序渐进，而非一蹴而就，让自己的心理抗压能力一点点增加。我们可以利用熟人来作为"陪练"的目标，再一点点扩大练习的场地。每到一个新场合之前，事先要做好充分的准备，这能帮助我们增强信心、提高勇气，从而达到事半功倍的效果。

利用心理暗示的方法来对抗那种紧张感。很多人会对自己的那种紧张的情绪失望不已，觉得自己实在是太"不中用"了，一旦产生这种挫败的情绪，更会影响你的发挥。实际上，怯场实在是太正常了，不仅是"菜鸟"级人物会对当众说话产生莫名的恐惧，哪怕是实践经验丰富的语言高手，每一次发言前恐怕也免不了微微的紧张。"脱口秀女王"史翠珊·芭芭拉就患有严重的舞台恐惧症。

每次紧张的时候，你便可以用这种暗示法稳住情绪——你要告诉自己，害怕的人不止你一人，鼓舞自己努力说好最艰难的第一句话，一旦这种自我暗示法突破了最初的阻力，你后面的发言将会顺利得多。

你也可以采取合适的肢体语言来帮助自己缓解紧张、害怕的情绪。注意保持平稳的呼吸，放松颈部肌肉，再一步步放松全身的肌肉，重复数次后，这会帮助我们保持镇定，最大限度地减轻负面情绪。

多绕个弯子，就会少碰钉子

在广州一个著名的大酒店里，发生了这样一件小事。有一个外国客人在吃完最后一道茶点之后，顺手就将一副精美的景泰蓝食筷悄悄地放在了自己的西装口袋里。刚好有一个服务员看到了，她不动声色地迎上前去，双手擎着装有一双景泰蓝食筷的缎面小匣子说："先生，非常感谢您对我国的景泰蓝食筷这种精细工艺品的赏识。为了表达我们的感激之情，我们将这双精美的景泰蓝食筷推荐给您，并按照本店的优惠价格记在您的账上，您看怎么样？"

这位外国客人立刻就明白了这个服务员小姐的话外之音，在表达了自己的谢意之后，说自己多喝了几杯白兰地，才误将食筷放在了自己的口袋里，并且很聪明地给自己找了台阶，他说："既然这种食筷是不经消毒不能使用的，那我就以旧换新吧！"说着，就从口袋里拿出了原来的食筷，恭敬地放在了餐桌上，并接过服务员小姐手中的匣子，不失风度地向付账台走去。

委婉是一种比较温和并且能很清晰明确地表达思想的一种说话艺术。直来直往虽然可以比较直白地让对方明白自己的意思，但是在很多时候，直白的语言会给对方带来一定的伤害。忠言逆耳，尽管你说的是真话，是对的，但如果表达的方式不合适的话，很可能就会引来"天子"的怒气，一发不可收拾。相对来说，委婉地向对方表达，更容易让对方接受自己的建议。

就像上文中所发生的事情一样，倘若服务员直接走到外国客人的身边或者带着经理来到外国客人的身边，然后一副义正词严的表情，告诉对方说："先生，请把您刚才偷拿的那副筷子拿出来！"相信这位外国客人一定会勃然大怒，因为他不仅丢了面子，还丢了里子，引发了众人对他的嘲笑，这件事情到了最后肯定是不会如以上那样善终的。所以说，劝说别人的时候没有必要完全直白，适当地绕上几个弯，给对方设个台阶也未尝不可。

为了表达某种意向，很多时候我们需要借助一种技巧，关于这种技巧有很多种不同的说法，譬如说：说话绕弯子、弦外之意、话外音等。总的来说，其实就是借用一种一语双关的方法，委婉地暗示或者是曲解影射，或者是巧借故事寄托的内里含义，活用此意，恰当地进行引申。

那么，究竟在什么场合才是最适合我们用绕弯子的方式来说服对方呢？绕弯子其实在语言交际中起到一种缓冲的作用，迂回曲折地表达自己的本意，或者是借用一些有意或无意的话来烘托自己本来想要直说的话。

人们难免会做出一些糊涂事，但如果这个场合不适合直接指出错误或者犯错的人特别好面子的话，这时候就需要用绕弯子的方式来提醒对方了。

　　据传，清乾隆年间，尚书和珅与侍郎纪晓岚素来不和。这一天两个人一块儿出去喝酒，看到了路边一条狗。

　　和珅问纪晓岚道："是狼（侍郎）是狗？"

　　纪晓岚回答道："垂尾是狼，上竖（尚书）是狗。"

　　和珅借用侍郎的谐音来骂纪晓岚是狗。纪晓岚明明知道对方是在骂自己，但又不便直接谴责和珅。于是，心生一计，他表面上是回答对方的问话，实际上把对方的辱骂回敬给了对方。虽然他没有在明面上骂和珅，但在一定程度上也劝住了和珅不要继续挑战自己的极限。这样巧妙的回答，不得不令人拍案叫绝。

　　有一个帅气的青年人开着一辆豪华的宝马车兜风。在车开到交叉口的时候，适逢红灯，他趁机点燃了最后一支香烟，然后随手就将空盒子扔在了车子的外面，恰好这个时候一位女士从车旁路过，她捡起来烟盒，走近宝马车，笑呵呵地问道："年轻人，这个烟盒不要了啊？"年轻人似乎意识到了自己的行为是不文明的，赶紧就说："不好意思啊，刚才不小心把烟盒掉下来了，谢谢你帮我捡起来。"说着把烟盒拿了回去，非常窘迫地开车走了。

很多时候，直白的语言会造成一定的攻击，而委婉的语言却能够让对方意识到自己的错误。就像上面的例子一样，女士明明看到了对方是故意乱丢垃圾的，但是她没有打着正义的旗号去揭穿对方，反而很委婉含蓄地用话外音告知对方的错误。

掌握了说话绕弯子的必要性之后，就要学习怎么绕弯子了。一般来说，绕弯子一定要尽量地避免对方忌讳的敏感区，因为我们的目的是要说服对方，如果触及对方的敏感区的话，是很容易引起对方的攻击性和防御性的。所以，绕弯子的方法是很有讲究的。

第一，话中有话，让人听取弦外音。听取弦外之音，悟出言外之意。在很多的场合，我们是没有办法直说和明说的，这个时候最需要做的就是采用迂回政策，绕道而行。实话不一定要很直白地说出来，有的时候借用弦外之音，点到为止就可以得到自己想要的效果。

第二，一语双关，让聪明人自己明白。生活中有很多事情是不需要说出来的，话里话外带出来就可以了。想要让别人听明白，一语双关是个好的选择，不过这仅限于双方都是聪明人，如果对方太过愚钝的话，是没有办法领略到其中的意思的。

总之，如果你既不想伤情面又想达到自己的目的，那么委婉地绕弯子就是一个必须要掌握的基本功。要知道，"对不起""抱歉"等字眼，在很多时候都无法达到熄灭对方怒火的目的，这时不妨使用委婉的言辞善意地提醒对方，缓和一下紧张的气氛。相比那些不好直说、不能直说的话，旁敲侧击、迂回绕道的方法更容易让人接受。

换位思考，学会站在别人的立场上说话

所谓换位思考，指的是将自己预设到对方的立场上去，去揣摩、想象对方的心理活动，或者是将要采取的下一步行动。

为人处世要学会换位思考，当你总是设身处地去为他人着想的时候，

久而久之，你便很容易获取他人的信任。学习工作的过程中，更要重视换位思考。尤其是在职场上，当你主动去揣摩上司、客户等人的心思，总是站在对方的立场上说话的时候，你所说的话就会变得越来越有说服力。

拿销售这一行业来说，有人笑言，从客户的口袋到销售者口袋之间的距离无疑是世界上最遥远的距离。对销售来说，最直接的目的就是将钱从客户的口袋里掏出来。想要成为一个优秀的销售，就必须要拥有让客户心甘情愿掏钱的能力。

优秀的销售大多懂得换位思考，永远能够站在客户的立场上考虑问题。要想将客户口袋里的钱变成你口袋里的钱，首先就要将客户的钱当作你自己的钱来花。一旦你真的将自己投入了客户的角色，你就会认真地考虑客户的态度、客户的需求……

真正的换位思考，是将自己完全地放在对方的立场上，用心去感受对方当下的情绪。我们长期生活在一种固定的生活圈子里，思维模式早已僵化，总是习惯用一个套路去看待问题、判断是非，所以常常得到的都是主观而片面的结论。想要在一群人中脱颖而出，你首先得拥有一个与众不同的思路。一旦你习惯性地站在对方的角度上去思考问题，你就越来越能够把握大局。

很长一段时间里，日本汽车的销量比美国汽车高得多，这是因为日本的汽车公司在生产汽车的时候十分注重车内的一些细节。比如说茶杯的储放器的设计，总是与人们的需求相一致；比如说雨刷器的设计，根据雨量的大小有快慢两档选择；比如说车体侧面的窗户，可以根据按钮来调整升降，避免了人工摇窗的麻烦。

日本汽车公司之所以重视车内设计，是因为他们选择了站在普通用户的角色上去揣摩他们的心理，正因着这些贴心的设计，日本车才大受欢迎。虽说这些都是美国汽车公司、汽车生产商们完全能够做到的，然而问题恰恰在于，他们能够做到，却完全没有想到。

很多年轻人在一开始参加工作的时候，习惯以个性自居，凡事都由着自己的性子来，以一己好恶去评断身边的人事。在经历了诸多血泪教训后，这些年轻人才明白，在职场上自有其一套规则，最大的禁忌却是以自我为中心，凡事只考虑自己。

想要权衡多方面关系，想要收获好人缘，想要游刃有余地生活在职场上，就要学会换位思考，多多站在别人的角度上思考问题。尤其是说话的时候，想要成功说服对方，靠的不仅仅是一整套的大道理，不仅仅是一两句苍白的辩解。

想要找到一个合适的切入点，想要引起对方的兴趣，想要对方轻易接受你的话语，就要学会换位思考，站在对方的立场上作分析、提建议，进而得出最有利于你自己的结论。

循序渐进，层层剥笋式攻破他人的心理防线

"口才"实在是促进你我人生进步的强大的助攻力，一旦能够将它正确地、恰当地、完美地运用到生活中，我们便能收获更加顺畅的人生。历数从古至今的大人物，他们有的舌灿生花，三言两语谈笑间便可锁定局势；有的滔滔雄辩，凭一己口才便能力挽狂澜逢凶化吉，叫人钦佩不已。

在现实生活中，很多人却为不知道该如何提升口才技巧而苦恼、发愁，完全不知道该怎么去改变自己。想要摸清这里面的门道，就要慢慢来，千万不能急。具体在和别人交流的过程中，亦要颇具耐心循序渐进，

像剥笋一样一层一层攻破对方的心理防线，彻底赢取对方的信任，直到将想要了解的信息牢牢掌握在手心里。

拿"沟通"这个词来说，"沟"实际上指的是手段，"通"才是目的。当对方被你影响、被你"感化"、被你"收入囊中"的时候，你的"沟"的过程才产生了预期中的"通"的效果。因为个人使用的技巧不同，面对的对象不同、场景不同，沟通是没有固定的模式的。但不管是黑猫还是白猫，能抓住老鼠的就是好猫，不管你采取什么样的沟通方法，能达到目的的就是好方法。

需要记住的是，无论你采取的是什么样的技巧，都需要掌握节奏，保持耐心，循序渐进、层层剥笋、一点点靠近对方真实的心理。下面我们来具体分析一下。

一、沟通的第一步，寻找合适的切入点，成功打破"坚冰"。

小王是某公司一名资深的销售代表，他一直很想认识当地的销售大户李经理。经过多方渠道，小王终于打听到了李经理的手机号码。他鼓起勇气打给了对方，一番恳谈后，李总终于给了他一个见面的机会。到了约定的时间，小王在秘书的引荐下来到了李总的办公室。

李总抬起头，见走进来一个精神的小伙子，便招呼对方坐在他对面。小王落落大方地再一次介绍了自己，随后环顾着李总的办公室，感叹道："李总，您的办公室布置得真别致，将样品都陈设在办公室里，天天看在眼里就像看着自己的孩子一样。"

这话一说，李总便乐呵呵地笑了起来："小伙子，你的眼光不错，这个办公室可是我专门请广告公司设计的。"

"难怪呢！"小王不停赞叹，"我去过很多老总的办公室，都不如您这边的有特色。"

"我们这边主要是做代理，当然也有自己开发的产品，当初设计这个办公室的时候我就在想，不如将它设计成办公和样品陈设间合二为一的形式，客户来了也很方便谈生意嘛……"

小王竖起了大拇指："那您可真抵得上半个销售人员了！您的员工有您做榜样真的能学到很多经验。"

李总又呵呵乐起来："何止是半个销售人员？小伙子，不瞒你说，我当初就是做销售起家的……"

小王又惊又喜："李总，早听说您的创业经历曲折丰富得像一部个人英雄史一样，但是还真不知道具体是怎么回事儿……"

李总谈起了自己的创业生涯，两人这一聊就是一个上午。通过这次谈话，小王成功得到了李总的好感和信任，这为他以后和李总谈业务攀交情打下了良好的基础。

实际上，小王在见李总之前是做了大量的准备工作的，一方面他了解到李总是一个"草根逆袭"的典型人物，对外很喜欢宣扬自己创业的经历；另一方面他在李总的朋友圈里了解到对方对于自己办公室的设计十分得意。小王做了这么多的工作，只为了找出最合适的话题，一点点打破坚冰，层层剥笋式地攻破对方的心理防线。

两个陌生人之间必定是存在着一堵厚厚的"坚冰"的，想要打破这堵坚冰，首先你得和案例中的小王一样，尽全力去了解对方的身份背景、性格爱好，再根据这些设置话题，然后紧扣话题进行交谈，循序渐进地朝着目标靠近。

二、沟通的第二步，引君入瓮。

首先我们来看一下某公司给销售人员设定的电话脚本，其目的是为了让客户多多订货。内容如下：

感激对方，赞美对方，强调正是因为对方自己才完成了销售计划，引起对方兴趣的同时让对方得到一种满足感。

趁着对方高兴，向其询问最近的产品销量如何，是否达到预期。

对方有可能抱怨公司这边给的支持不够多，这时候趁热打铁提出促销计划，暗示对方多进货，多优惠。

提出让对方多多订货的要求。

一步步循序渐进，掌握了对方心理的同时，逐步抛出自己的目的，这便是"引君入瓮"法则。

三、沟通的第三步，慢慢铺路，让对方自己得出结论。

很多人不喜欢听别人对自己提意见，他们更愿意按照自己的想法做事。我们在与别人交谈沟通的过程中，完全可以利用这种心理，用步步引导的方式让对方自己做出结论。世界著名销售大师托德·邓肯在工作的过程中总习惯于向客户去问一些主观答"是"的问题，这种方法极其有用。

　　詹姆斯·艾伯森是纽约一家储蓄所的销售员。有一次，有一个中年人来到储蓄所想要开户，艾伯森按照流程给他拿来了一些表格，指导他进行填写。但是这个中年人表现得很不耐烦，不停抱怨着却迟迟不去动笔。艾伯森想了想，向他问道："先生，这些资料您并不是一定都要填写。"

　　中年人不以为然："我就说嘛，那么多问题，填到什么时候啊，那么麻烦做什么。"

　　艾伯森不动声色，装作闲聊似的说："先生，假如您成功开户，得以将所有积蓄存入银行一直到您去世，这之后您肯定希望您最亲近的家属能够继承您的遗产。"

　　中年人点点头："那当然！"

艾伯森指了指表格上家属信息的那一栏："您将最亲近的亲属的基本资料填在这里后，无论您发生什么事情我们都能在第一时间准确无误地实现您的愿望，您难道不觉得这实在是一个好方法吗？"

中年人想了想，一拍脑袋说："你说得很对！如果我不填这些表格，很多事情都会变得麻烦起来，我也失去了一些保障。"他抓起了笔，很快便填起表格来。

艾伯森一步步引导着中年人，让他得出了自己的结论，成功完成了一笔业务。

无论我们面对的交谈对象是谁，无论我们决定采取什么样的沟通技巧，都不能太急躁。从收集资料，做交谈前的准备，到一步步挖掘话题，一点点引导对方进入自己的逻辑，再到让对方自己做出一个对你有利的结论，一层层攻破对方的心理防线，这是一个循序渐进的过程。

加强练习，在心里多多模拟说话的场景

所谓拳不离手，曲不离口，想要掌握这世界上任何一门技艺，就得反复地琢磨，反复地练习，彻底吃透方能运用自如。将口才当作一门技术，想要变成一个说话高手，就要加强训练，不断开口开口再开口。

看在眼里听在耳里的，不是口才；讲出来的，才是口才；记在脑海中的不是口才，表达出来的才是口才。或许这世界上存在着天生的说话高手，但那并不是你我，生活中绝大部分人都未继承这种天赋的才能。

靠着刻苦的训练，靠着不断地实践，人们才可能突破自我，成为最能言善辩的演说家、雄辩者。

美国前总统林肯当年为了训练口才，每天坚持步行30英里，去一个法院观摩律师们的辩论。他站在无人注意的角落里，全神贯注地观察着律师们的手势，说话时的姿态和神情，并偷偷地模仿。他最关注的还是律师们的辩护词，仔细地思考着他们表达的方式，话语中的逻辑。回来后，林肯又花了大量的时间对着树木、花草表演着大段大段的演讲，一遍又一遍地练习着口才。

日本的前首相田中角荣，少年的时候曾患有口吃的毛病。这样一个说话磕磕巴巴的孩子，必定会受到周围人的冷眼和嘲笑。年幼的田中角荣在持续不断的打击中反而变得越来越坚韧、越来越顽强。为了克服口吃、矫正发音，他对着镜子将课本上的文章念了成千上万遍。正是凭着这份勇气和毅力，田中角荣逐渐走出了口吃的阴影。

但凡杰出之人，身上最重要的品质便是他们的那份恒心与毅力。再琐碎、再磨人的工作，他们也能投入十二分的精力和热情，不厌其烦地去练习、去实践，直到熟练掌握的那一天。像你我这般的普通人，既没有杰出的天赋，也没有其他可以选择的捷径，靠的就是坚持，拼的就是恒心。只有一遍一遍去练习，才能一点一点进步。

需要注意的是，练习口才仅凭刻苦是不够的，还需要掌握一定的方法。科学的方法能够使你事半功倍，更早地靠近心目中完美的自己。练习口才的方法有很多，"在心里多多模拟说话的场景"便是笔者能够给予你们的一项颇有价值的建议。

很多口才培训机构在培训的过程中，会不断地让学员进行角色扮演，这便是"情景模拟训练法"。具体的做法是，将不同的角色分配给不同的学员，比如律师、医生等，让他们临时组织语言去进行演讲。还有的学员会扮演电影电视和舞台小品里的各种角色，即兴发表一段角色可能会说的话。这种"情景模拟法"大大地增加了学员们对于语言灵活性的认识，也让他们的表情、肢体动作语言得到了训练。

我们完全可以借鉴这种方法去提高自己的口才技巧。平时没事，哪怕躺在床上，也可以在脑海中去模拟不同的说话场景。比如说，面对陌生人的时候，你该如何向对方打招呼？如何与对方进行交流？面对公司领导的时候，你又该以什么样的态度落落大方、不卑不亢地提出你对公司管理的看法和意见？

假如你正进行着一场演讲，你该如何去应付听众们突如其来的诘问？假如你受到了上司的表扬，你该如何去礼貌、得体地回应对方？假如你被同事指桑骂槐地批评了一番，你又该如何回击，才能够在狠出一口气的同时不至于让事情闹到不可收拾的地步？

有句话说得好，不要去打无准备的仗。我们每天都可以在心里多多模拟说话的场景，这是一种储备能力的做法。只要坚持下去，你会发现，你的口语表达能力和应变能力都在与日俱增。终有一天，我们会游刃有余地"穿行"在各种说话的场合，成为当之无愧的说话高手。

当你结束了一天的工作，收拾妥当舒服地躺在床上后，你可以回想一下过去的一天中所有的说话场景，在哪段场景里你表现得很好，在哪段场景里你表现得差强人意。针对后者，你可以再将自己拉回到当时的场景，仔细斟酌一下，如果再给你一次机会你会如何去表达。

当你在进行一场交谈之前，也可事先过过脑子，在心里模拟一下接下来的说话场景，考虑一下你该说哪些话，该问哪些问题，并将一将你应该规避的点，熟悉了整个流程后，再去进行交谈，保准事半功倍。

余琪大三暑假的时候去了一家传媒公司当起了实习生，作为一个还没有毕业的新人，她几乎什么都不懂，却又对身边的一切都抱着强烈的好奇心。她性格一向活泼，逮着同事便问东问西，一开始大家还愿意照顾一下她，耐心和她讲解。时间久了却再也没有人去理会她那些幼稚又没有逻辑的问题。

余琪有点失落，对待工作的态度也懈怠了起来。这一天，主管将她叫到了办公室，问了问她的近况，还没说两句，余琪便委屈地嚷嚷了起来："大家都嫌弃我是一个新人什么都不懂，刚开始的时候还敷衍我，没出两月就明目张胆地排挤我了……"

主管脸上的表情严肃了起来："这段时间整个公司都在忙一个项目，大家承受的压力都很大，同事们各有各的事情，他们对你漠视敷衍的态度是事实，但是也可以理解……"

说着，主管话音一转："你有没有想过大家的态度为什么会变成这样？你在问他们问题之前，有没有审视过你的问题，有没有将你的问题进行归纳和整理，有没有针对同事的回答进行详细的思考？"

余琪愣住了。主管语重心长地道："余琪，你要记住，每个人的时间和精力都是很宝贵的，你毕业了就会知道，社会不是大学校园，没有人有义务去帮助你解决问题，不要浪费你请教同事的机会。"

余琪讷讷道："那，那我应该怎么做呢？"

主管回答说："我教你一个技巧，不管你是在提问之前，还是在与人沟通之前，一定要先在心里模拟一下那个场景，将你要说的话，要问的问题捋清楚，想一想对方有可能出现的回答，以及你自己的应付对策，只要你坚持这样做，我保证你说的话、问的问题会越来越有质量，到了那时候总会有人乐意回答你的问题。"

余琪走出主管办公室的那一刻，暗暗发誓，一定要将学生那种幼稚的心态彻底抛弃掉，快点成熟起来。她同时又很庆幸自己遇到了一个好主管，让她早早明白了社会不是大学校园的道理。

想要突破口才瓶颈，想要练就一副好口才，就要加强练习，在心里多模拟说话的场景。

保持倾听，倾听比语言更有魅力

一个大学教授曾在课堂上对他的学生说，倾听是一种技能。这句话让绝大部分人都很不解。坐在前排的一个学生笑着说："大家都长了耳朵，都在被动地接受信息，倾听跟技能根本扯不上关系啊！"

教授笑了，解释道："普通的听确实是一种被动，但是倾听不一样，它是要花功夫的。它需要你将整个心思都沉浸在交谈的过程中，通过倾听主动去获取信息，再通过这些信息，给予对方恰当的反馈，以确保对话顺利进行下去。可以说，倾听的重要性远远超过你们的想象。"

眼睛如果是心灵的窗户，那么耳朵一定是通往心灵的道路。我们在倾听中所要付出的精力一点也不比谈话的时候少。但对于大部分人来说，他们往往更注重表达，更注重抒发，却忽略了倾听的力量。

很多人习惯于滔滔不绝地发表着议论，根本不给别人插嘴的机会，他们要么是为了彰显自己的口才或者是学识，要么就是为了吸引他人的注意。但对于真正有涵养并深谙说话之道的人来说，倾听才应该被放在第一位。

真正"够格"的倾听，不仅仅要用上眼睛和耳朵，还要用上脑袋和心灵。只有用心去倾听，你才能真正体会到对方的思想与感情，你才能"撩起"对方主动诉说的欲望，你才有可能赢取对方对你的信任与好感。认真倾听，积极思索，你才能掌控整场谈话，轻松掌握话题的主动权，而心不在焉或者一味诉说的你，要么会被别人牵着鼻子走，要么就会搞砸这场谈话。

如果你想成为人际交流的高手，就要主动去倾听，主动去琢磨倾听的技巧。美国通用公司的前总裁卡耐基曾经说过："一双灵巧的耳朵胜过十张能说会道的嘴巴。"太多人却本末倒置，弄反了倾听与诉说的关系。也许，只有等你吃足了苦头，在人际交往的道路上摔了一个又一个的大跟头，才会主动地将这句话记在心里。

美国人克莱恩三年前被公司派往澳大利亚处理一个项目，哪知道这一去就是三年。这三年里他忙着工作的事情，很少有时间和家人交流。这一年眼见着圣诞节又快到了，克莱恩实在是太想念家人了，他向上司求情想要回家一趟见见孩子们，可是上司却火冒三丈地说，项目到了最关键的时刻，作为总工程师的克莱恩一定要坚守在第一线。

上司的话却让克莱恩暗暗下了决心，一定要赶在圣诞夜前夜回家见见孩子，哪怕只待一晚也行。他将所有的工作都安排妥当后，买了一张回家的机票，当天晚上便冒着失去工作的危险踏上了回美国的航班。一路上，克莱恩的心一会儿忐忑紧张，一会儿欣喜激动，煎熬得像热锅上的蚂蚁。就在他好不容易平静下来后，飞机却突然剧烈地摇晃起来，机舱里随即传来尖锐的警报声，空姐脸色煞白地告诉大家，飞机遭到了飞鸟的撞击，已经脱离了航线，随时有坠毁的可能。

机舱内顿时响起一阵哀号，克莱恩的心也冰凉到了极点。他看着身边的人纷纷写起了遗嘱，顿了顿后，也麻木地拿起纸笔，艰难地写了起来。谁知道刚写下一句话，泪水便模糊了眼睛。克莱恩身边一个老太太将写好的遗嘱放入特制的口袋后，便开始祈祷了起来。他看着老太太，一下子想到了年迈的父母，想到了妻子，想到了亲爱的儿子和女儿，一颗心似是被抛到了寒冷的深海里……

谁知道飞机机身突然平稳了下来，就在大家纷纷猜疑的时候，空姐走进客舱，微笑着说飞机在机长的冷静驾驶下已经返回了原有的轨道，故障已经排除，飞机将继续向目的地飞行。大家都松了一口气，克莱恩也不免喜极而泣。那日凌晨他便回到了家里，妻子见到他的时候吓了一跳，克莱恩挣扎痛苦了一夜，看起来憔悴无比。他兴奋地向妻子诉说着自己劫后余生的经历，满屋子转着、喊着，激动不已。妻子却没有表现出太大的兴趣，只皱着眉头说："克莱恩，你能回来我实在是太高兴了，但是你就不能等到明天再说吗？邻居们都还没有醒，小心吵醒他们……"

一旁睡眼惺忪的儿子也不耐烦地问道："妈妈，我可以去睡觉了吗？"

克莱恩好比被泼了一头冷水，沉默了下来。第二天正好是圣诞节，家里所有的亲戚都聚在了一起，克莱恩又兴致勃勃地说起了自己在飞机上遇到的情形，他的话却被频频打断，不管是父母、哥哥还是妻子和孩子，都一个劲地说着自己的事情，抒发着自己的烦恼和节日的喜悦，没有一个人在意他经历了什么。

　　克莱恩失魂落魄地来到了二楼，打开窗户跳了下去……

　　克莱恩去世后，亲人们悲痛欲绝，他们不明白到底是什么摧毁了克莱恩活下去的意志和欲望。实际上，正是因为忽视了倾听，父母失去了儿子，妻子失去了丈夫，孩子们永远地失去了爸爸。而饱受煎熬、极度脆弱的克莱恩需要的只是一个耐心倾听的对象而已……

　　在现实生活中，人们争先恐后地抢着发言权，他们更在意、更关心个人的需要和兴趣。他们迫切地想去抒发喜悦，宣泄痛苦，他们将诉说的权利看得高于一切，却完全忽略了倾听作用。因为不善于倾听，商家们失去了重要的客户；因为不善于倾听，求职者失去了宝贵的工作机会；因为不善于倾听，年轻人失去了真爱一生的感情。没有人相信，倾听，实际上比语言更有魅力。

　　倾听也并没有你想象的那么容易，它不是简单地听，它需要你调动一切感官因素，一边听，一边思考，一边听，一边反馈，从而让你的沟通更加顺畅更加完美。善于倾听的人，必定是善于沟通的人。它是一种了解别人的方式，更是一种与人交往的智慧。这个社会从来不缺优秀的人，却急需善于倾听的人，这就意味着，当你主动去"修炼"倾听的能力的时候，你的竞争力也必将与日俱增。

掌控节奏，富有节奏感的聊天意味深长

有一位著名的音乐家说："想要创造出激动人心的音乐，首先得要表现出对节奏的独有的驾驭能力。只有找到了属于自己的节奏，才能够随心所欲地创造出那份独特的律动。"不只是音乐，谈话也是一样，哪怕只是闲聊，只要你掌握了节奏，聊天的内容便会朝着你想要的方向进行下去，那些琐碎的对话也变得意味深长。

你谈话的目的、主题、内容都包括在谈话节奏的范围内，有时候，看似平淡如常的闲聊实际上是一场危机四伏的角逐。当谈话双方带着某种目的去聊天的时候，双方往往会使用各种技巧想要从对方口中得到自己想要的信息，这时候，你若将谈话的节奏牢牢掌握在手中，你便会成为这场角逐的最大赢家。

想要让这场谈话顺利、愉快地进行下去，就更要有意识地去掌控节奏，这不仅能够避免冷场，更能因此取得对方的好感和信任。下面我们可以通过几个案例来分析一下何为谈话的节奏，怎样去掌控谈话节奏。

案例一：

克丽丝为一家广告公司拍摄了一部广告片，合同注明作为广告片主角，克丽丝将得到 50 万法郎的报酬。广告片一经播出，便大火特火，克丽丝一夜间成了圈里最红的广告明星。到了应该支付酬金的那天，广告公司却约克丽丝洽商说，公司的

资金流转出了点问题，他们想将不动产抵作报酬支付给克丽丝。克丽丝对不动产不感兴趣，她一再指着合同说："合同已经写好了你们将支付给我50万法郎的现金，希望你们能够遵守合同行事。"

广告公司的经理笑了笑，说："克丽丝，你现在是最火的广告明星，有一位著名的大导演很希望能够认识你，希望你能够为他的新片试镜，如果你成为了他的女主角，你将成为全世界最受瞩目的女明星……"

拍电影一直是克丽丝的梦想，对方的话吸引了克丽丝全部的注意力，针对这个话题，她不停地问东问西，再也没有提起报酬的事情。接下来的谈话中，广告公司牢牢掌握了话题的主动权，不停地用各种恭维和承诺哄得克丽丝十分开心。

双方交谈的过程中，你要随时随地都保持着清醒的头脑，时刻将自己的谈话目的牢牢记在心中。当然，必要的时候，你也可以运用"转移话题"这一招来掌控聊天节奏，掌握话题的主动权。

案例二：

奥斯卡经典电影《沉默的羔羊》中，FBI女探员克莱莉丝为了追查凶犯"水牛比尔"的下落，找到了被囚禁在监狱里的精神病专家汉尼拔博士，希望得到对方的帮助。她带着这个目的与汉尼拔博士进行了一场面谈。一开始，克莱莉丝目的明确，想要将对方一步步引入主题，从对方口中撬出有用的信息。但谈着谈着，汉尼拔博士却以强势的态度将整个话语权牢牢掌握在自己的手中。

汉尼拔博士用惊悚的提问一点点攻破了克莱莉丝的心理防

线，她从最初的针锋相对、顽强抵抗最终演变成了最后的溃不成军、屈服逃避，不得已狼狈地离开了监狱。汉尼拔博士出色地完成了一场心理战，他完全掌握了整场聊天的节奏，成为了当之无愧的主导者。

想要掌握聊天的节奏，掌控话语权，不妨尝试运用心理攻势，一点点攻破对方的心理，一点点"引诱"对方掉入你挖好的"陷阱"之中。所谓"诱敌深入"，你可以运用提问的方式，来逐步实现目的。

案例三：

小方在同乡联谊晚会上对一个女孩儿一见钟情。为了不错过缘分，他积极主动地同女孩儿交谈起来。在这个过程中，女孩儿一直表现得淡淡的，有一搭没一搭地和小方聊着天，倒是小方自己，表现得十分热情。费了九牛二虎之力，小方终于加了女孩儿的微信，晚会结束后，他便迫不及待地给女孩儿发了很多信息，女孩儿懒懒地回了几句后，再也没有回复过他。小方很苦恼，便向哥们儿李建询问同女孩儿聊天的技巧。

李建听了小方的倾诉，笑着说："你只要掌握了聊天的节奏，女孩儿肯定是愿意跟你聊天的。"小方大喜，忙追问技巧。李建滔滔不绝地讲起来："你别一直自己喋喋不休地说啊，说的还都是女孩子不感兴趣的话题，你要掌握聊天的节奏感，知道什么时候该聊什么话，不要将自己的目的赤裸裸地表现在语言中，寻找到适合的话题，尽量引导女孩子主动倾诉，你不能显得太热情，也不能太疏离，这个分寸要把控好，等挑起对方的兴趣的时候，不妨暂时中止聊天……"

小方一边听一边点头，运用李建教的技巧，他又和那个女孩儿聊了起来，果然，这次双方都聊得很开心，小方果断掐断对话，对方还有点意犹未尽的感觉。

只要掌握了聊天的节奏，你才更具吸引力。不管是追女孩儿，还是其他的社交形式，都要注重说话的技巧，你不能太过浅显直白，几句话内就让人看穿了目的，有时候不妨矜持一点，多绕一点路，反而让整个聊天的过程都显得意味深长、丰富有趣。节奏要掌控好，这样才能充分地挑起对方的兴趣。

第2章　如何一分钟打动陌生人

陌生人面前别紧张，提前设计好开场白

某著名社交平台上的一个问题引起了很多人的共鸣，成为热极一时的话题。这个问题是这样的："有没有人觉得自己在熟人面前是'疯子'，在生人面前是'傻子'？"网友们纷纷点赞，并评论说："躺枪了，这说的就是我！"

很多人都有一个通病，对于初次见面或不太了解的人心里会本能地恐惧、紧张，乃至逃避、惴惴不安。陌生人好似一面"照妖镜"，使我们内心的怯懦无处遁形，我们瞬间由一个充满魅力、能言善辩的"疯子"变成了一个沉默寡言、木讷唯诺的"傻子"。

如果这个陌生人是比较重要的人物，或者个人气场比较强，我们更会紧张得面红耳赤、语无伦次。现实是，如果我们克服不了这种心理障碍，一定会错过很多令人惋惜的机会。毕竟，人际关系的质与量与你我人生的精彩程度息息相关。

与人相遇、相知、相交是一个良性循环的过程，只有保持这点，才

会形成一个良好的人际关系。而迈向成功彼岸的第一步，一定是要提高情商、学会说话，尤其是与陌生人交谈。想要做到与陌生人畅所欲言，首先你得有一个绝妙的开场。当你成功地打开了对方的话匣子，聊着聊着，你也就不会紧张了；聊着聊着，你便又结交了一个朋友。

怀特曼说："这个世界上不存在陌生人，所有人都是彼此的朋友，只是还未相识而已。"怀着这种轻松的心态，再去和陌生人展开交谈，你会发现一切都没有你想象的那么难。

戴尔·卡耐基曾在《人性的弱点》中提到了人际关系中的抑郁症。这种抑郁心理来源于"怯生"，正因为怯生，你才会语无伦次、手足无措、紧张不已。你越想将话说得尽善尽美，你的表现就越会差强人意。正如第一次登台演讲的人必会怯场，而登台百次、千次的人却会对舞台上瘾。做好练习，加强实践，你也会爱上同陌生人交谈的感觉。只要你说好开场白，之后的交谈便会水到渠成。

　　小袁在公司里负责人力资源管理，不久前，他曾为公司招收过一批新员工。让他感到疑惑的是，新员工们在应聘之时虽然表现紧张，但亦能够做到侃侃而谈，对答如流，可进入公司后，反而变得沉默寡言、怯生木讷。他们中的大部分人，甚至无法自如地应对同事之间最普通不过的寒暄，一说起话来，声音跟蚊子哼哼似的，羞涩极了。

　　小袁一一找他们谈话，问他们是否不太适应新环境，他们大多面红耳赤，低头嗫嚅着说："实在是不习惯和陌生人说话。"小袁反问他们："那为何面试那天却能够压制住紧张的情绪，不至于表现失常呢？"那些人的答案无一例外，说那是因为他们在事前都经过了精心的准备，甚至整理出了一套说话术。小袁笑了，说："你们既然害怕和陌生人说话，不如将每一次和陌生人之间的交谈都当作一次考验，最好提前在心里想好开场白，起个好头后再顺其自然地交流下去，久而久之，陌生人就变成了熟人。"

与陌生人交谈，开场白很重要。利用开场白打开双方对话的"闸门"，那种陌生感自然也就会在不知不觉间消失。如果你随机应变的能力没有那么强，如果你面对陌生人极易紧张，最好提前设计好开场白。中国人同别人打招呼喜欢问对方"去哪儿""吃了没有"，外国人聚在一起则喜欢谈论天气。实际上，无论是前者还是后者都很不实用，因为话题很容易因为对方的回答而戛然终止。你得为你的开场白找到一个最合适的话题。

你可以用征求意见的方式开场，只要足够巧妙，便可以起到立竿见影的效果。如果坐在你身边的陌生人是一位打扮入时的女士，你可以向她询问一些有关装扮、时尚之类的话题；如果与你同行的陌生人身材健美、外向善谈，你可以夸赞他精神奕奕，顺便向他请教如何健身、运动之类的话题。只要你态度谦虚，方式够巧，相信对方一定会乐于与你分享经验，展开交谈。

当初孔子听说老子"博古通今，知礼乐之源，明道德之要"，便与南宫敬叔相商，要一同去见老子。二人千里迢迢，见到老子之后，便恭敬求教，"问礼于老子"。老子非常高兴，与孔子、南宫二人侃侃相谈，将所思所悟倾心教授，后又引孔子拜访大夫苌弘。知晓苌弘善乐，孔子又毕恭毕敬，求教乐律、乐理等问题。孔子态度谦恭，让苌弘大感欣慰，几人很快便成了至交，相处甚欢。圣人孔子便是以"不耻下问"的态度博得贤名，成功地结交了一众知己。

没有人会拒绝一个虚心的求教者，只要你引起了对方说话的兴趣，你便已经成功了一半。利用已经得知的信息，同时仔细地观察身边的陌生人，只要找到"突破口"，你便能顺利地打开双方的沟通之门。选择合适恰当的聊天话题，尽量让自己全身心地投入聊天的氛围中去，可以有效地缓解你紧张的情绪。所谓"一回生，两回熟"，适应了这个过程，你也会变成聊天高手。

做好聊天引导，一见如故并非难事

河豚在遇到危险的时候，身体会迅速充气，像气球一样鼓起来。这是它为了抵御危机做出的应激反应。这是河豚的独特的防御术，可是它并没有更强大的攻击力。鲨鱼却不需要，你什么时候听说过鲨鱼会把身体鼓胀成一个球？

聊天的时候也是如此，不会说话的人才会"急吼吼"地抛出一套套的"说话之道"。他们急于掌控气氛，急于把握整场聊天的话题，急于向对方表现自己的"老练"与"八面玲珑"，希望获得对方的好感。男生们在心仪的女孩们面前吹牛的时候，像极了那只剑拔弩张的"小河豚"，空有架势，却毫无实力。

而谈话高手们则自如游弋，云淡风轻，不知不觉间便让你感受到了"长袖善舞"的魅力。对于谈话高手们来说，想要通过交谈来赢取陌生人的好感，并非一件难事，只要加强引导，他们完全可以运用话题来营造一见如故的氛围。拥有着杰出口才的人从来不缺朋友，做什么事情都畅通无阻，他们善于同陌生人交谈，善于为自己赢得更多的印象分。

当然，低情商的人很难做到与陌生人一见如故，他们不知道如何去与初次见面的人打交道，在交际中往往处处碰壁，时时陷入难堪的境地。他们即使尝试着去引导聊天的话题与节奏，也经常做得太刻意，太流于表面，只会让对方感觉到不舒服。

那么，如何利用聊天引导，去帮助你建立更多的社交关系？

想要把握聊天节奏，让对方觉得和你有聊不完的话题，首先，需要理清自己的思路，任何时候都要保持清晰的判断力。在你接近陌生人之前，先明确你的交谈目的，不管你运用何种谈话技巧，从哪个话题谈起，都要牢牢地围绕着这个交谈目的去谈。不要轻易被对方的话语"引诱"，被对方的逻辑绕晕。

其次，引导式聊天要善于运用"关键字"。不要一味去问"为什么"，单调枯燥而又穷追不舍式的提问只会让对方产生反感的情绪。你只需要格外注意对方话语中的关键字，就可以有技巧地引导对方与你畅谈下去。利用关键字，有时候，你一句话便制造了无数的话题点，甚至可以引来对方的主动提问。这时候的你，便可以步步为营地将对方引入你想聊的话题中。

最重要的一点是，你要确保你的话能够让对方顺利地接下去。交际能力欠缺的人不但不能够聪明地引导话题，有时候还会将整场对话"断送"掉。这样的人在与他人交谈的时候，只会简单地回答"是"或"不是"，或者毫无个性地附和对方的话，让人一下子兴致全无。

想要确保你的话能够顺利让对方接下去，你可以多多使用开放式提问，给对方匀出回答的空间。不要一次性将话说完，让对方也有发言的机会。同时，你别将话说得太死，聊天不是辩论，你没必要一定要让对方同意你的观点，相反，你要特别尊重对方的观点和立场，给足对方表达的机会。

孙清这学期加入了学生会，他因此认识了一帮学校里的风云人物。大三学长林东才华横溢，是他崇拜的偶像，可是林东为人比较高冷，作为学生会的副主席，平时又比较忙，孙清一直没有机会去认识他。有一次学生会部分成员参加某次活动，由林东带队，活动结束后，他们约着去大排档聚餐。孙清特意坐到了林东旁边，和他展开了交谈。

孙清很想知道林东以后的职业规划，便问到此类问题，林东说得很含糊，明显不愿意深谈。孙清改变了策略，他顺着林东说话的方向，用一个个问题逐步引导林东说下去，并串联起了整场谈话。随着交谈的深入，林东自然而然说出了他想说的话，而这些话都是孙清想知道的。孙清一直很注意倾听，不时发表意见，不断引导着林东继续谈下去。林东一改往日高冷的形象，和孙清谈以后的工作方向，谈理想中的生活，氛围很愉快。而通过这场交谈，孙清给林东留下了很好的印象，两人一直保持着密切的联系。后来，林东从学生会退出后推荐孙清顶上了自己的位置。

总而言之，想要做好聊天引导，营造出一见如故的感觉，就一定要以对方为中心，你既要让话题围绕着对方的兴趣来展开，又要让话题的主动权牢牢地掌握在自己的手里。你可以多些铺垫、慢慢地导入正题，也可以加快聊天的节奏，"直来直往"、开门见山，这一切都要根据你所交谈的对象来决定。

主动引起谈话，说好第一句话

俗话说"开口是金"，你如何说话，决定了你将拥有怎样的人际关系。为了结识陌生人，你就得主动上前攀谈。想要一分钟打动陌生人，你就得说好第一句话。很多时候，第一句话便奠定了整场交谈的广度和深度。第一句话说得好，你便会成功地给对方留下了深刻的印象；第一句话说得不好，对方就会在一瞬间失去和你交谈的兴趣。

所谓"天涯何处无知己，交谈何必曾相识"，想要在最短的时间内赢得对方的好感与信任，得努力去说好第一句话。如果你的第一句话就能感其肺腑，对方就会油然而生一种一见如故、欣逢知己之感，就能拉近彼此之间的距离，就不用浪费那么多的精力和时间去攀交情。问题是，说好这第一句话并不是一件很简单的事情。下面我们就来介绍几个技巧。

运用第一句话，成功达到攀亲附友的目的。这种方式在现实生活中有着很强的实用性，如果你能成功地说好这"攀亲附友"的第一句话，便可在一瞬间缩短彼此的心理距离，让对方倍感亲切。三国时期的鲁肃在见到诸葛亮后，真诚地说道："鲁某与令兄长诸葛瑾一向惺惺相惜，是结交多时的好友。"就这一句话便令诸葛亮另眼相看，更为孙权与刘备的结盟打下了坚实的基础。

1984年5月，美国总统里根访问上海复旦大学，在与复旦学生做演讲之时，他开篇便谈起了自己与复旦之间"剪不断理还乱"的关系，赢得了复旦师生的热烈掌声。里根总统开口便说："其实，我和复旦大学有着密切的关系，贵校的谢希德校长与我的夫人南希，原本是美国史密斯学院的校友，这样算来，我和在座的各位可谓是再亲近不过的朋友呢。"里根总统运用只言片语顺利地打破了人与人、国与国之间的隔阂，不愧是杰出的说话高手。

第一句话可用来赞美对方的长处，激发对方与你交谈的积极性。用来"套近乎"的第一句话，完全可以围绕着对方的优点和长处来展开。人人都喜欢听好话，如果你马屁拍得恰到好处，自然能够顺利地搭建起与陌生人之间的谈话桥梁。相反，你的第一句话若是无意间触及了对方的痛处，也会让对方恼怒不已。所以，第一句话如何说，一定要分外谨慎。

日本作家多湖辉著有《语言心理战》一书，书中记录了"销售权威"霍依拉先生的一件趣事，令人深思。在职业生涯中，霍依拉先生曾为某家报社拉广告，为此，他拜访了梅伊百货公司的总经理。见到总经理之时，霍依拉先生问道："请问您是在哪儿学会开飞机的？作为商业奇才，你居然能够游刃有余地驾驶飞机，这实在叫人惊叹！"对方一听这话开心极了，立刻打开了话匣子，滔滔不绝地谈论起自己的经验来。一场交谈下来，霍依拉与这位总经理已经成了无话不谈的好朋友，广告的事情自然也就迎刃而解了。

第一句话可用来表达你与对方是同一类人，让对方产生强烈的共鸣。你若站在对方的立场上，说中对方的心思，一句话便能暖其心田，感其肺腑；一句话便能让对方将你引为知己。

　　美国艾奥瓦州的文波特市，对全市市民开放了一个"全天候电话聊天"的服务项目，深受市民的信任和依赖。当人们在生活中或工作中遇到了坎坷与挫败的时候，他们会习惯性地拨打一个熟悉的电话号码，寻求心灵的慰藉。而电话那头的情感专家们接到了这些伤心人的来电后，第一句话便是："今天，我也同你一般地失望、痛苦、孤独……"一句话便让人放下了所有的戒备，倾诉者们往往因为这一句话热泪盈眶，在接下来的谈话中与专家们掏心掏肺地诉说着自己的烦恼事。

　　第一句话便可"投其所好"，让对方感受到你的真诚，并成功地激起对方的好奇心。对于两个陌生人来说，第一印象尤其重要。第一句话更是消除这种陌生感的关键。如果你用一句话就能成功地激起对方对你的兴趣，让对方感受到你的尊重与诚意，对方一定乐于与你成就一段友谊。

　　唐朝诗人汪伦年轻时候住在安徽泾县桃花潭边，他生平最倾慕的偶像便是大诗人李白，只不过一直无缘相识，这也是他生平第一憾事。为了能够一睹诗仙风采，汪伦做了种种努力。有一次，汪伦听说李白到了皖南境内，开心不已，他前思后想，决定给李白写一封邀请信。他将所有的希望都寄托在了这封信上，而这封信也成功地挑起了李白的兴趣。

　　汪伦在信中写道："先生好游乎？此地有十里桃花，先生好饮乎？此地有万家酒店。"当时天下人人皆知，李白一爱喝酒，二喜桃花，汪伦的这封邀请信正中诗人心意，李白一看到这封信便赶往桃花潭与汪伦相聚。二人因此结为好友，李白更用一首《赠汪伦》表达了对汪伦的谢意。可以说，汪伦与李白所说的第一句话便是这封信，它成功地"网"住了诗仙的心。

老人们都说"看一眼，听一句"。现实生活中，你见到对方的第一眼，听到对方所说的第一句话，往往决定了你对对方的印象。若想在社交上有所建树，你要主动去与更多的陌生人交谈，并掌握说好第一句话的各种技巧，灵活运用在实践上。

发现共同点，让对方感觉越聊越有趣

相信很多人都很羡慕那些说话高手，他们似乎有着特殊的魔力，无论坐在对面的是谁，都能够与其漫漫长聊、相谈甚欢。对于天生木讷、不善言辞的人来说，这就好比一种天赐的特异功能，实在是让人羡慕不已。实际上，说话的高手们能够和陌生人自如交谈的最大秘诀是：他们总能够发现双方的共同点，找到彼此都很感兴趣的话题。

想要和身边的人建立和谐亲密的人际关系网，就要懂得什么话该说，什么话不该说。你要尝试着去寻找和每一个交谈对象的共同点，所有的话题也要围绕着这个共同点去说，这样能够让对方产生知己之感，才乐于跟你聊天。

爱书者谈到书往往滔滔不绝，嗜酒者说到酒也会津津有味，只要找到情感上的共鸣，话题就会一下子被打开，谈话过程自然也会变得越发和谐流畅。

也许你我都曾有过这样的体验，在人生地不熟的异乡，一旦见到一个老家人便倍感亲切温暖；在"硝烟四起"的职场，一旦遇到校友、师兄便会不由自主地想亲近。人们总是会格外关注那些与自己有着各种各样的相同点的人，并很容易对他们产生好感。我们完全可以利用这种心理，以"共同点"来挑起对方的交谈兴趣，赢取他们的信任与好感。

那么，两个陌生人之间，如何才能发现双方的共同点呢？

一、细心观察，耐心寻找，运用察言观色法锁定共同点。

一个人的面部表情、言谈举止、衣着打扮等多多少少都会体现出他某方面的心理状态、兴趣爱好或者精神追求。只要你善于察言观色，一定能够很快发现双方的共同点。

文艺青年们都很喜欢一部叫作《爱在黎明破晓前》的电影，说的是美国青年杰西与法国女学生赛琳娜浪漫却又短暂的爱情故事。其中，两人在开往维也纳的火车上的初遇情节给人留下了深刻的印象。青年杰西究竟是靠着什么打开了陌生姑娘赛琳娜的心扉的呢？靠的就是共同点。

当杰西发现赛琳娜正靠着车窗边阅读一本小说的时候，便勇敢地走上前去，以这部小说为引，愉快地与对方交流起来。原来，他们两个人都是文学爱好者，这一聊，双方便发现了彼此更多的共同点，他们都爱旅行，都有着浪漫的异国情怀……很快，两个人像老朋友一般，徜徉在这个陌生的国度里，越聊越投缘。

二、以话试探，"火力侦察"，找出共同点。

陌生人初见的时候，为了打破沉默的局面，简单的寒暄是必要的。为了寻找出双方的共同点，以挖掘出合适的话题，你可以趁此时候以话试探，来展开交谈。

拥挤的火车站，王女士正百无聊赖地坐在候车室里等待着一小时后的火车，旁边一位健谈的大姐主动问道："您好，您也去广州？"王女士点点头。大姐热情说道："我看您带着公文包，您是去出差吧！"王女士也笑了，轻言细语道："是的。"

"听您口音，你不像是本地人啊，你老家是哪里的啊？"

当大姐得知王女士来自福建厦门后，高兴坏了："我女儿现在就在厦门工作，我年轻的时候也在厦门待过一段时间，那个城市太美了……"

两人亲切地聊起来，不到一个小时，已经成了相当熟悉的朋友。

三、听人介绍，猜测共同点。

你去参加聚会，席上如果有陌生人，举办这场聚会的主人肯定会将你们彼此介绍给对方。介绍词里肯定会有类似于身份地位、工作单位、性格爱好之类的信息，耐心倾听，从介绍词中发现彼此的共同点，再以此作为突破口，展开交谈。

四、细心揣摩，步步深入，挖掘共同点。

在与陌生人谈话的过程中，你要投入百分之百的精力，留心揣摩、分析你与对方的共同点，而随着谈话的深入，你也会挖掘出双方身上更多的相似之处。只要你的心思够细腻，你完全可以从对方的只言片语中发现很多有用的信息，这样，你便可轻而易举地"攻破"原本无话可讲的局面。

通过种种技巧，找出初见者相互之间的共同点并不是一件很难的事情。找到了这些突破口，原本陌生的双方便可因此变得熟悉起来，若聊得愉快，还能迅速地成为一对好朋友。但是在寻找共同点的过程中，你还得格外留心种种问题，不要弄巧成拙，否则就会闹出不愉快。

李庆刚刚与相处多年的妻子离婚，为了排解痛苦的情绪，特意找了几个朋友喝酒散心。席间，相熟的朋友们都心照不宣，一边热火朝天地聊着开心的话题，一边痛快饮酒，希望能够让李庆暂时忘记眼前的烦恼与苦痛。偏偏一个哥们儿的女朋友不知道这里面的"弯弯绕绕"，为了融入气氛中，她没话找话地同李庆搭讪起来："听说你爱人也在市立医院工作？真巧，我表姐也在那里工作，两人说不定在同一科室呢！"

李庆皱起了眉头，并没搭理她。哥们儿尴尬极了，悄悄拉了拉女朋友的手，示意她别再说话，她却不明所以，继续问道："你爱人在内科还是外科啊？"李庆忍无可忍，借口上厕所逃离了现场。气氛骤然冷下来，哥们儿急了，对女友说："你咋哪壶不开提哪壶？李庆刚刚和他老婆离婚，之前没跟你说，就怕你太八卦，问东问西的，伤了李庆的心。这下好了，你可算是得罪他了！"女友听了不由也埋怨起男朋友来。

从彼此的共同点说起，让话题紧紧围绕着双方都很熟悉的领域，谈话才能愉快、顺畅。当然，你也得注意一些聊天背景，不要犯了禁忌还浑然不知，这样只会破坏你与陌生人之间的交流。

消除彼此间距离感的俏皮话

多年前，马云关掉了一手创办的英语夜校学习班，开始了自己的创业之旅。创业之初的马云成了"空中飞人"，频频出差，经常不在杭州，尽管如此，他还是与昔日英语班的同学们保持着深厚的情谊，同学们聚会的时候，也总是会打电话告诉他，有哪些人到场，他们正在做什么。马云总是耐心地听着，时不时调侃上几句，逗得大伙哈哈大笑。

英语班的同学们有的要出国深造，有的忙着打拼事业，很多人都是单身。有时候，英语班那些大龄女青年回国参加同学聚会，席上只要有人打电话给马云，马云就会幽默地说上一句："告诉她们，别再等我了，找个好人家，该嫁就嫁了吧！"尽管已经太久没见面，一句俏皮无厘头的话却瞬间拉近了他们之间的距离，叫人忍俊不禁的同时又倍感温暖。

对于久未见面的老朋友来说，一句俏皮话便能迅速拉近彼此之间的距离，重归往日熟悉、亲昵的氛围。对于从不相识的陌生人来说，一句俏皮话亦可以迅速打破僵局，舒缓彼此之间紧张、尴尬的情绪。交际场上的高手们都清楚，想要让自己看起来更具魅力、更富人情味，不妨多说说幽默俏皮的话。若说得好，一句话就能收获他人的信任和好感。

幽默是成功社交的捷径，是我们彰显魅力、笼络人心的好方法。在某些关键的时刻，一句风趣的俏皮话甚至能够产生"四两拨千斤"的效果。拿中国人的"创业偶像"马云来说，他便很擅长运用俏皮话来调节气氛，仅仅只用一句幽默的、充满智慧的话就能收获无数掌声和好评。国内很多优秀的主持人也有着这样的本领，孟非便是其中的杰出代表。

孟非靠着大热节目《非诚勿扰》一炮而红，很多人都由此认识了这位习惯歪嘴微笑、睿智幽默的光头主持人。记得某期

《非诚勿扰》中，一位男嘉宾表现得极为紧张，孟非为了宽慰男嘉宾，金句频出，惹得大家哄笑连连。到了播放 VCR 的环节，只见视频上的男嘉宾说着说着，嘴里就会不时地蹦出一些英文单词。之后，孟非笑着问道："你平时就是这么说话的吗？中文里边夹着英文？"

男嘉宾连忙摆手否认，不好意思地说："不是不是，当时我在录制 VCR 的时候实在是太紧张了！"孟非"若有所思"："所以你一紧张就把你的母语——英语说出来了！"观众们会心一笑，男嘉宾也傻傻地笑了起来，看起来轻松了不少。孟非一句俏皮话便将全场的气氛推向了高潮，也使男嘉宾暂时忘记了紧张，与孟非越发亲近起来。

姑娘们总会发自内心地喜欢那些风趣幽默的男人，这是因为他们实在是太懂得如何用俏皮话去点缀原本平凡普通的生活。与幽默的男人相处的时候丝毫不觉得累，他们通常豁达开朗，善于用俏皮的言语拉近心与心的距离。

真正有幽默感的人无论走在哪里，都会成为人群里的焦点。因为他们懂得运用俏皮话来消除人与人之间的生疏与防备，他们知道俏皮话是缓和人际关系、赢得众人欢心的法宝。优秀的喜剧演员往往一开口就叫人乐不可支，亦让人倍感亲切。想要让自己变得更有魅力，不妨尝试着去说些有趣活泼、生动形象的俏皮话。

某公司经理在开早会的时候，正说得激情昂扬，却突然发现底下角落里的一个员工在悄悄打着瞌睡。他刚想发作，转念一想，又按捺下怒火，不动声色地说起了结束语。果然，他话音刚落，员工们便热烈地鼓起掌来。坐在角落里的员工被大家的掌声惊醒，猛地站了起来，一边揉着眼睛，一边不明所以地看着周围的一切。其他的员工盯着他，忍不住交头接耳、窃窃私语，有的更偷偷笑起来。

眼见着大家都在等着看他的热闹，那个打瞌睡的员工的脸"噌"地一下变得通红，他惴惴不安地等待着经理的"发落"，僵硬地站在原地，不敢说一句话。经理笑了笑，饶有趣味地说道："各位同事，根据这位同事刚才那激动的表现，可见我的发言有多精彩，我很欣慰！"一句话刚说完，大家撑不住，都哈哈大笑起来。那个打瞌睡的员工也挠挠头，不好意思地笑起来，他感激地看着经理，忙不迭地道着歉。从此以后，这名员工便成了经理的"铁杆粉丝"，工作特别卖力，很快便成了公司里优秀的员工之一。

一句俏皮话能够发挥的力量远远超出我们的想象。尴尬之时，只需一句俏皮话，便能帮助我们成功地逃离尴尬的氛围；难过之时，只需一句俏皮话，我们便能"满血复活"，重新生起信心和勇气。当气氛冷到了极点，一句恰如其分的俏皮话能够瞬间打破冷场，将气氛推向高潮；与陌生人相处之时，一句巧妙的俏皮话能够让两颗原本疏离的心紧紧相依……

会说话的人常常在不同的场合里冒出一些俏皮有趣的话来，并因此成为大家心目中最受欢迎的人。让俏皮话成为你"拉拢人心"的最好的工具吧，你的人生也会变得愈发绚丽多姿、精彩纷呈。

善用自嘲，消除尴尬，让聊天更融洽

我们在与人交往的时候，难免会遇到一些尴尬窘迫的时刻。很多人在这种时候恨不得当场挖个地洞钻进去，殊不知逃避非但不能解决问题，还会让自己失去最后一丝的尊严。如果你能够迎面应对，善用自嘲来打破坚冰、消除尴尬，不仅会使聊天更融洽，还会给人留下机智、豁达的好印象。记住，在社交场合中，善用自嘲，便能让尴尬在笑声中烟消云散。

尴尬的时候，拿什么拯救你？答案便是自嘲之术。娴熟的自嘲技巧，是你"行走江湖"的法宝。自嘲，是幽默的最高境界，能够用积极、自信的心态去看待尴尬，去面对困窘之境的人，往往能够成就大事，也叫人喜欢、敬佩。

好莱坞一位很有名气的女演员结婚生子后迅速地发了福，以往纤细美好的身材逐渐变得惨不忍睹。这件事若搁在一般人身上都会让人忍受不了，何况是一位名扬国际的明星演员。但是这位女演员非但不以为然，还总是拿自己现在的体形开玩笑。她经常在接受采访的时候对记者"口无遮拦"地说："我现在可再也不敢穿上我以前最喜欢的白色泳衣在海边游泳了，我要是去了，美国空军们经过海边天空的时候一定会紧张得要命，他们估计会以为自己发现了古巴呢！"

伴随着爽朗的笑声，女演员豁达的模样让记者们顿生好感，没有一个人忍心去"黑"她，反而对她的真性情称赞不已。

能够在众人面前大胆地调侃自己的缺点与短处的人，反而显示了他坦率、真诚的一面，这种自曝其丑的行为也正是他责任心的体现。这种行为非但不愚蠢，反而充满了智慧。人们也往往更乐于去相信乐于自嘲、善于自嘲的人。当你陷入尴尬之境的时候，不如先人一步拿自己调侃，这样不仅成功地堵住了别人的嘴巴，更让他们对你好感顿生，不知不觉地被你"收入囊中"。

有一个女作家为了赶一篇稿子，熬了个通宵，偏偏第二天她还要参加本市的一个作家洽谈会。会上，大家的发言使她昏昏欲睡，她频频打瞌睡，最后还"老实不客气"地打起鼾来。见平时文静的她居然打出这么响亮的鼾声，会上的作家同人们纷纷哈哈大笑起来。女作家被笑声惊醒，莫名其妙地看着大家，只听会议的主持人嘲笑她说："看你生得这么清秀文静，又写得一手好文章，居然还能打出这么'惊天动地'的呼噜，真是叫人刮目相看！"

女作家脸红起来，一片讥笑声中，她不甘示弱地接茬道："这算什么，我还没发挥出我的'洪荒之力'呢，小心下次我的呼噜声把屋顶掀翻！"一句话说完，大家真的对她"刮目相看"起来，甚至不由鼓起掌来。

如果你发现对方正抓住你的"小辫子"不依不饶地嘲笑你，不如主动去将自己的缺点摊在太阳底下让大家看个够，你这种满不在乎的表现反而能够让大家看到你的勇气与坦荡。轻松、愉快地正视自己的弱点，比逃避、掩盖它要好得多。利用自嘲，你可以一举打破尴尬的气氛，增强人格上的自尊与自信；利用自嘲，你能轻易地摆脱困难，弥补不足之处。

当言谈陷入窘境之时，逃避退缩不如勇敢面对，恼羞成怒地反唇相讥不如自嘲自讽、"自吹自擂"，它能够成功地转移大家的关注焦点，成功地让你逃脱尴尬的境地。

幽默漫画大师朱德庸曾说："幽默是现代人反击无奈人生的最后一击，我们从来没有碰过像现在这个时代这么混乱的一个时代，幽默于我来说是很重要很重要的事，它不单单是我作品形成的主要要素，它更是一种救赎。"重视幽默的重要意义，学会自嘲，即使身处尴尬，也能"化险为夷"。

懂得自嘲的人通常都很睿智，他们在交际场合将"自嘲术"运用得出神入化，既能增加谈话的乐趣、融洽气氛，又能使得大家的友谊愈发深厚。

20世纪30年代的旧上海，有一次文艺界在国际饭店宴请著名画家张大千，席间星光熠熠，很多著名的人物都来捧场，当时风头无二的梨园名角梅兰芳也来到了现场。宴席开始前，大家异口同声地恭请张大千坐上首位，张大千连连摆手，推辞道："应坐首位的是梅先生，他是众所周知的君子，我嘛，不过是个小人，该坐末座才像话。"

众人听得莫名其妙，不由得面面相觑，人人眼里写满了问号。梅兰芳更是诧异："我今儿个不过是个陪客，何来君子、小人之说？"张大千爽朗地笑起来，解释说："有道是'君子动口，小人动手'，您誉满天下，一口好戏精妙绝伦，是赫赫有名的君子。而我嘛，生平不过动笔作上几笔画，最适合末座。"众人哄堂大笑，将张大千和梅兰芳共同推上首座。

张大千自称"小人",不仅凸显了自己爽朗的个性和达观的心胸,更是谦虚、礼让的表现,赢得了众人的一致赞誉。合理的自嘲,是一种睿智,是一种胸怀和气魄,是为我们赢得他人理解与尊重的手段。

与陌生人搭话不宜话多

有这样一个故事,某次谈判结束后,双方代表聚在一起举行了一场热闹的鸡尾酒晚会。一位来自日本的谈判代表端着酒杯走入了美国公司的谈判队伍里,一番自我介绍后,便与身边的美国人热情交谈起来。日本谈判代表多喝了几杯,加上越说越高兴,他时不时地拍打对方的肩背,称兄道弟起来。美国人皱起了眉头,不由自主地向后退去,日本人却不识趣,一直往前凑,到最后竟然追着美国人在大厅里绕起圈子来。

故事的真假且先不提,透过它,我们却知道了一个道理:谈话的距离是非常重要的,失去了距离和分寸,难免会贻笑大方。想要给陌生人留下一个好眼缘,交谈的过程中就要拿捏好距离和分寸,不要表现得过分冷淡或亲热,也不要喋喋不休地说个不停。

谈话的距离指的不仅仅是身体上的距离,还包括话语中的距离。从礼仪上考虑,你应该站在离对方不远不近的位置上。如果离得太远,则显得生疏而冷淡;离得太近,又会引起对方的反感。一般来说,保持一两个人的距离是最为合适的,这样的"社交距离"同时也不失亲切与友善的氛围,是最舒服的状态。

那什么又是"话语中的距离"呢？这要求我们在与陌生人聊天的时候要注意分寸，不要口无遮拦什么都说，什么都问。交谈无非就是双方将信息进行交换、交流的过程，要想让谈话顺利地进行下去，就尽量聊一些和谐愉快的、让对方感兴趣的话题。千万不要以自我为中心，喋喋不休地说个没完没了。

尤其需要记住的是，与陌生人搭话的时候不要过于啰唆，一来容易给人留下肤浅、聒噪的印象，容易让对方产生抵触的心理；二来"言多必失"，在你并不是那么了解对方的情况下，你说得越多，就越容易得罪对方，不如将那些毫无意义的话埋在肚子里，简洁、精练地表达出你的观点和立场。

几乎每一天，我们都会在无意中邂逅很多陌生人，要想给对方留个好印象，你得时刻保持着优雅的言谈举止。所谓"说者无心，听者有意"，明明无心的一句话，却有可能将别人伤得体无完肤。熟人之间都免不了如此，何况是陌生人。因此，在与陌生人打交道的时候，你就更得谨言慎行，谨记分寸。

与陌生人进行交谈的时候，说多不如说少，以下这些禁忌更是半步也不能跨越。

对别人的隐私表现出浓厚的兴趣。当面问人家隐私是一件很没有礼貌的行为，只要对方没有主动提起，哪怕你再感兴趣也不要问。如果你不小心提起，哪怕对方没有什么过激反应也要当场道歉，千万不要问个没完没了。

　　刘文在毕业旅行途中遇到了一个女孩儿，同是背包客的两人相约结伴而行。刘文与女孩儿年纪相仿，有着共同的爱好，一路上相谈甚欢，两颗陌生的心也悄悄贴近起来。女孩儿无意中谈起自己这次出行是一个很突然的决定，家人并不赞同她一个人孤身上路。刘文不由问女孩儿，为什么会做下这个决定，女孩儿犹豫了一会儿，还是坦诚地说，是为了一个人。

刘文心里升起了浓浓的好奇心，为了弄清心里的疑惑，他不断地向女孩儿问起这个人。女孩儿一开始还能保持耐心，后来终于忍无可忍地让刘文闭嘴，别再问她相关问题。原来女孩儿口中的那个人是她已经意外离世的好友，当初两人一同约定要去当背包客走遍山水赏遍风景，谁知还没实现这个愿望，好友便不幸离世。女孩儿受了刺激，决定要孤身完成当初的梦想，这才有了这个突如其来的决定。

对于女孩儿来说，这件事一直是她心中的隐痛，刘文一再提起，使她痛苦不已。第二天，她便冷冷地与刘文告别，又开始了一个人的旅程。刘文后悔不迭，却又无可奈何。

有争议的话题谨慎聊。有些需要明确表态的争议性话题不要随意聊，聊的时候也要注意尽量隐藏自己的真实态度。假如你的立场恰恰与对方相反，有多少话也请放在心里，不要与对方针锋相对地争执起来，这样的你只会给对方留下斤斤计较、思想狭隘的坏印象。

余勇某次乘火车的时候与邻座的男孩儿热火朝天地聊了起来，两人都是篮球迷，各自支持不同的球队，说着说着便起了争执。余勇不愤对方诋毁自己喜欢的一个篮球明星，便用更激烈的脏话回击了对方。两个人都是血气方刚的年轻人，又都在气头上，最后竟然动起了拳脚，引来了火车上的工作人员的一顿臭骂。

不要随便评价别人。在陌生人面前，谨慎言语，宁愿多多夸赞他人，也不要用贬义性的词语去评价他人。这样的行为明显很不妥当，无论你说的是否符合事实，也只是在增加对方对你的反感而已。

在与陌生人交谈的过程中，你要时刻保持着大方、优雅的姿态，用真诚的话语"拉拢人心"，用微笑释放善意，既要保持客观，也要注意维护对方的自尊心，掌握了这些要素，你才能收获一段真诚、亲密的友谊。

使对方愉快吐露心情的要点

谈话高手们都知道，掌握了聊天的秘诀，人们便会爱上同你聊天的感觉。人们乐于同你分享心事，吐露心情，可能是因为你懂的比别人多，说的比别人好听；可能是因为你善于炒热气氛，知道如何去把控谈话的方向；可能是因为你最能体恤人心，亦擅长说笑话。这样的你，实在是一个绝好的聊天伙伴，任何人都能和你聊出好心情。

说话是一门艺术，忽视技巧，它便深奥难学；掌握了技巧，它便浅显易懂。人人都有倾诉的欲望，人人却又对身边的人满怀戒备，生怕被人看穿了心事。想要让对方向你敞开心扉，你得"循循善诱"，你得"将心比心"，你得"引人入胜"，你还得"知己知彼"。

现实生活中，很多人都很"能"说，却不一定"会"说，你再滔滔不绝、能言善辩，也未必能够成功地赢取他人的好感和信任。想要让你的谈话深入人心，想要让对方愉快地吐露心情，你得细心留神诸多要点。下面我们来简单分析一下。

要点一：雕琢语言，放低姿态。

在人生之路上，"低"往往比"高"更适宜生存。好比在战场中，想要躲过枪林弹雨的追击，我们得时时匍匐在地，谨慎爬行。打仗是这样，做人也是这样，说话更是如此。谦让恭谨是做人的至高境界，待己严苛、待人宽容的人总会成为人群里最受欢迎的人。聆听他们的言语，总叫人有如沐春风之感，既形象有趣，又温暖动人，带着感人至深的力量。

俞敏洪开创新东方后，一路辉煌不断的同时，也曾一度被他的强势同学兼同事赶下董事长的位子。无论顺境逆境，他却一直保持着谦和的为人和低调的品性，遇事不争不闹，说话中肯动听。无论是面对公众的演讲还是与学子们的互动与讲课中，他总会反复提到自己在大学时期的平庸和自卑，语气真诚质朴。

他也曾说过，当上北大的老师后，才发现大部分的老师都比自己优秀，创业后，又发现自己只能笨鸟先飞，方能勤能补拙。他成了大部分青年们崇拜敬仰的创业偶像之一，令人信赖的长者、身边的朋友们也都很享受和他的交流过程。

要点二：说话就要说在点子上。

表面上能说会道的人也许并不拥有让人信服的力量，而真正会说话的人却能将话句句说在点子上。说话要晓之以理动之以情，你的话若说到了对方的心坎里，自然充满了感染力和震撼力。话不在多而在精，开口之前一定要善于揣摩对方的心思，知晓对方的性格，力求简洁、有力、有理、有据、有情，方能"四两拨千斤"。

要点三：将对方烘托为谈话的中心，千万不要一个人自言自语。

几乎每个人都希望周围的人能够将目光放在自己的身上，一说起自己的事情来就刹不住车。想要变成对方可以信赖的对象，就要懂得在谈话中处处顾及对方的感受，最好让话题围绕着对方来展开。你的交谈对象是善谈还是沉默，是享受与你的谈话，还是恨不得当场逃离，全在于你的表现。

要点四："感同身受"才能"志同道合"。

人们喜欢交朋友，并急于同朋友分享一切，是希望自己的所作所为、所思所想能够得到他人的支持和认可。心理学专家亚瑟博士说："世界上的人都在渴求同情和关心，就像小孩子会通过大哭来换取大人们的同情和关注，大人们为了引起别人的注意，也会有向人展示伤痛、发脾气这样任性的举动。"随时对别人表示褒扬和认可、理解和宽容，方能瓦解对方的戒备之心，走进对方心里，赢得对方的友情。

美国有一位著名的音乐经纪人叫作休洛，他和很多艺术家及明星都是亲密的好友。休洛曾说："这些艺术家、超级明星们都是被世界宠坏的孩子，他们脾气阴晴不定，性格敏感挑剔，想要走进他们的心里，只要给予恰当的同情和安慰。"

休洛先生在担任天才型音乐家查理亚宾的助理期间，曾多次遇到查理亚宾以身体抱恙的借口拒绝上台演出的情况。每逢演唱会前夕，工作人员们都会诚惶诚恐，生怕查理亚宾又会突然"撂挑子"，一走了之，将一堆"烂摊子"丢给他们。每当休洛碰到这样的情况，他从不会同对方争吵，只是轻言细语地安慰查理亚宾："我的朋友，我实在是太理解你的感受了，如果你真的不能唱，我马上取消这场演唱会，你的身体和快乐比什么都重要！"

每次听到休洛的话，查理亚宾总会无奈地叹气，向休洛大倒苦水。休洛耐心地听着，时不时给予肯定或意见，他说话的时候总是将自己置于对方的立场上，让查理亚宾倍感欣慰。往往倾诉一番后，查理亚宾便会同意登台演出。

语言的真正魅力在于它一定有着打动人心的力量，就看你如何去运用它。运用语言的力量，你完全可以使一个陌生人与你侃侃而谈，愉快地向你吐露心情。想要获得别人的信任，想要收获一份真诚的友谊，是很不容易的一件事情，你得用心倾听、用心揣摩、用心交流。

第3章　塑造独特的个人魅力，完善说话风格

人人都喜欢幽默，让幽默成为你的招牌

　　有一位女钢琴家在美国迈阿密州的福特城举办了一场演奏会，她一直尽心尽力地准备着自己的演奏，对售票的情况却并不关心。可是，那一天她在登上舞台的时候才尴尬地发现，偌大的演奏厅里只坐着不到五成的观众。大家稀稀拉拉地坐得很开，眼见着上座率这么低，一个个脸上都写满了失望。

　　钢琴家耸了耸肩，站在钢琴边，缓缓地说："这个城市里的人一定都十分富有，好像大家每个人都买了三张票。"

　　话音刚落，观众席上便传来一阵笑声，大家都为这个女钢琴家的幽默与睿智鼓起掌来。

女钢琴家的话打破了僵局，营造了一种奇妙的幽默感。面对那种境况，想必她当时也是失望的，然而她却能够用幽默的态度面对，这既是对前来捧场的观众的尊重，也是一种独特的生活智慧。

有一位心理学家说："幽默是一种最有趣、最有感染力、最具有普遍意义的传递艺术。"

生活中，人人都喜欢幽默，适当地运用幽默，它会变成你紧紧握在手里的一张"王牌"。那么什么是幽默？哲学家说，千万不要试图去给幽默下定义，而这便是幽默的定义之一。作家林语堂说，幽默是一种能够激发人类某种心理情感的智慧。物理学家牛顿则说，幽默是一种难得的品质，是一种难得的生活智慧。对于普通人而言，幽默是生活中必备的调味品，它可以让我们的生活变得更鲜活、更精彩。

没有谁不喜欢幽默的人，和这样的人待在一起的时光是那么轻松愉悦。只因幽默的人大都充满了智慧，他们看待人生的态度总是那么豁达敞亮，又通透深刻。对于现代人来说，社会越往前发展，他们的竞争压力就越大。我们总会在生活中遇到各种各样的难题，总会迎面撞上各种伤心沮丧的时刻，而笑声却成了我们唯一的解药。这就是人人都喜欢和机智幽默的人交往的原因。

有过来人告诫着身边的年轻人：尝试着去做一个幽默的人吧，尝试着用另一种松弛、有趣而又乐观的态度去看待人生。幽默好比一块吸铁石，它能够让分散的力量凝聚起来，促进大家的团结与合作；幽默好比一种润滑剂，它可以令郁闷痛苦的心情一扫而空，令尴尬滞涩的谈话进行下去。将幽默变成独属于你的一块鲜明招牌，你会因此多出很多好运。

很多名人身上都被插上了幽默的标签，幽默使他们显得随和而又睿智，显得他们在运筹帷幄时应对自如、自信满满，显得他们乐观向上、云淡风轻。那份独属于他们自己的幽默，成为他们征服人心的招牌，成为他们事业成功的催化剂。

商业界马云，幽默功力首屈一指，经典之句层出不穷，是当之无愧的"幽默教主"。两岸演艺界幽默的艺人、主持人众多，且人人都有自己的特色，人人都幽默得"花样百出"。这些年来，喜剧界的大腕更是比比皆是，新生代的喜剧明星们也正冉冉升起……

人人都喜欢那些给自己带来欢乐的人，就连央视著名主持人白岩松，也一改过去严肃刻板的印象，在2016年的里约奥运会的开、闭幕式的解说节目上玩了一把幽默，从人人皆知的"国嘴"变成了"自带弹幕的国家级段子手"。

当各国运动员代表团依次组队入场的时候，无论是场上的运动员还是守候在电视机前的观众，在那一刻心情都激动到了极点，白岩松却突然淡淡地说："我都不知道我今天为什么格外关注代表团的入场服装。"一句话引得观众们笑到"喷饭"。对于各国代表队颇具民族特色的礼服，白岩松流露出的是赤裸裸的美慕嫉妒恨。

他说："实在很嫉妒那些衣服很漂亮的国家，看见人家好看的进场服装还是很美慕的，有些国家就冲他们的衣服就该给他们颁块奖牌！"

在现场观众热切的欢呼声中，中国代表队终于踏入了马拉卡纳体育场，白岩松的声音也明显地激动了起来，尽管如此，他还是不忘吐槽："中国队的西红柿炒鸡蛋还可以吧？很多中国人第一个学会的菜就是西红柿炒鸡蛋啊，低调又平民。西红柿炒鸡蛋，不愧是中国人的国民菜啊！"一时间，"西红柿炒鸡蛋"这个"梗"红遍了网络。

将幽默变成挂在身上的鲜明招牌的人，一定会成为人群中最受欢迎的人。人们一想到卓别林，就会想到幽默大师；一想到周星驰，就会想到无厘头喜剧；一想到冯小刚，就会想到京味儿幽默……这一个个的标签便是人们喜欢他们的理由。

对于"初出道"的小人物来说，你的幽默会使你从容自如、大放异彩；对于已经成功的大人物来说，你的幽默会让你更具性格、更富魅力。试想着将自己变成一个导演、一个演员，将幽默变成某种神奇的道具，只要花点心思，你便可自编、自导、自演出一幕幕令人捧腹大笑、回味无穷的喜剧，将你本人的形象、观点轻易地刻印在他人的心里。

亲和力是无形的魅力，有一种动听叫微笑

有人说，亲和力是一个人的无形魅力，一个人只有笑起来的时候才最美。当代社会，很多人都在谈亲和力，每个人也都有着自己的理解。一个具有亲和力的人必然智慧、爽朗、幽默、平易近人而又低调谦逊。

在人际交谈的过程中，亲和力会让人与人之间的关系变得更贴近、更和谐、更自在。在这个人脉即财脉的社会中，你完全可以打造出独属于自己的亲和力，这不仅可以让你变得更受欢迎，更能够成为你成功的无形资本。

茱莉亚是好莱坞的一名女演员，多年来事业一直不温不火。随着年纪越来越大，又一直单身，倍感孤独的她越来越厌倦娱乐圈中那种声色犬马、灯红酒绿的生活。在演完了一部电影后，茱莉亚毅然决定，要暂时息影，搬到美国西南部一个小城镇去过一段安静的日子。

但是她第一天搬来这个小镇的时候就感受到了一股浓浓的敌意，当地的居民们并不知道她就是电视里的大明星，反而对

她指指点点，评头论足，小孩儿们被父母教导不许和她这样一个"花哨"的女人交谈。以往那种冰冷彻骨的孤独感又包围了她，即使小镇上浓郁的花香和灿烂的阳光也驱逐不了她心里的阴暗。

茉莉亚实在是厌倦了没完没了的搬家，她打电话给以前的好朋友，抱怨着她所遭遇的一切。朋友静静地听完后，却爽朗地笑起来了，她说："亲爱的，镇上的居民一定被你吓坏了，你一定表现得又孤傲又难以接近，对于他们来说，你实在是太时髦了！"

茉莉亚愣了，好友又指点她说："亲爱的，想要他们接受你，也很简单，试着穿家常一点的衣服吧，多多参加当地的社交活动，改变你的说话方式，脸上多一点微笑，别让他们觉得你装腔作势、高人一等就好。"

从那以后，茉莉亚开始按照朋友的指点来改造自己，先试着让自己更有亲和力。她脱下了鲜亮挺括的礼服，换上了清新的碎花裙，对每一个人都报以微笑和诚意，很快，她便成了镇上最受欢迎的外来者。

每个人都渴望自己能够变成社交达人、得心应手地处理各种棘手的社交关系。但若没有一个良好的人际亲和力，你实现这些愿望的可能性为零。亲和力帮助我们更容易获取别人信任的好感，帮我们收获更多友谊，帮助我们挖掘出越来越多的人际资源。如果你把握住了这一点，生活自然会越过越顺利，前途也会越来越光明。

有人说，70%的人脉加上30%的专业技能才足以造就一个人的成功，在这套逻辑里，亲和力显得尤其重要，只因人脉关系的建立永远离不开亲和力。

有的人一生交游广阔，天涯四海皆是挚友；有的人却一生独来独往，任何时候都茕茕孑立、形单影只。有的人每逢困难之际都有人雪中送炭，有的人却招人憎恶、惹人反感。同样是人，留给别人的印象却有着天壤之别。

人不是独居动物，无论你怎样喜欢独处，你也不可能将自己完全与外界隔离开来。你总得和周围的人打交道，而不同的人的思想也在潜移默化地影响着你。想要在这个飞速发展的社会中生存，树立个人良好的形象就变得至关重要。我们必须要尝试着去培养自己的亲和力，以便建立良好的人脉关系。

那么，培养亲和力需要注意哪几点呢？

一、微笑是亲和力最重要的表现之一。

微笑几乎是每个人的本能，我们不需要去学习，却需要去刻意练习。很多人笑起来的时候会不自觉地用手捂住面孔，心理学家分析说，这是一个人害羞、不自信的表现。实际上人们永远是笑起来最好看，微笑是人与人交流过程中的最动听的语言，亦是彰显善意、亲和力的最完美的工具。

婴儿的微笑最可爱、最动人，因为它发自内心，纯真澄澈。想要建立良好的人际关系，第一步得学会真诚微笑。没有谁愿意同一个永远阴沉着脸的人交朋友，你要重视微笑的力量，只因微笑的好处数不胜数。只要克服心魔，加强训练，你也可以拥有婴儿般招人喜欢的微笑。

二、亲和力需要放低自己的姿态。

想要赢得别人的尊重和支持，一定得学会放低姿态，平等地去和别人交流、沟通。有的人能力很强，却自视甚高，既瞧不起不如自己厉害的人，也看不上比自己优秀的人，整个人像一只刺猬一样，碰都碰不得；有的人自恃身份，看起来修养很高，实际上却话里话外都透着浓郁的优越感，骨子里极为傲慢。而无论是前者还是后者，都是真正的低情商的表现。

放不下身段、放不低姿态的人根本没有悟透这个社会的生存法则。人与人之间少了几分亲和感，心与心之间自然就多了很多距离。只要这层距离还在，你就无法真正融入社会中去，你甚至会寸步难行。

对待比你层次低的人，你要友善，发自真心地去关心他。对待比你层次高的人，对待他们要抱着学习的心态，相处的过程中更要力求不卑不亢、落落大方。看人不要太过功利，也不要以一己判断轻易地否决他人。你要尝试着去和不同行业的人打交道，不要怕出错，经常出差错的人反而更有亲和力。

自然而不做作地流露出你的幽默

有一位歌星在默默无闻多年后，突然因为发表在社交网络上的"段子"合集而一夜爆红。因为他独特的幽默感，越来越多的人成了他的粉丝。每当他出现在公众场合，记者们便会严阵以待，纷纷将话筒、闪光灯对准了他，期待他能够说出更有意思的"段子"。粉丝们更是组队在他的微博底下喊话，希望他能够更幽默、更逗乐一点。

对于突如其来的爆红，这位歌星毫无心理准备，欢天喜地之余亦有点手足无措。各大综艺节目、真人秀抢着将这位"当红炸子鸡"收入麾下，盼着靠他耍宝、逗乐的表现来拉高收视率。一开始，观众们只要一看到他那张充满喜感的脸和"炯炯有神"的表情就会开怀大笑，仿佛他嘴里说出的每一句话、他做的每一个动作都能无比准确地挠中笑点。

　　歌星自己却越来越烦恼，他挖空心思用尽手段，只为制造出更多的"笑点"，只为抖响更多的"包袱"。他越来越觉得自己仿佛已经被掏空了一般，脸上的笑容也越来越少。与此同时，观众们开始批评他做作、夸张，根本不好笑。某次采访中，歌星一脸疲倦地回应了这些非议，他自己亦承认，他只是在用力地、硬着头皮幽默而已。他把幽默当作了谋生的手段，根本算不得真正幽默的人。

　　著名作家余光中就曾撰文描绘过"幽默的境界"，在他心里，第一等的幽默来源于天赋，第二等的幽默是虽然自己不能创造幽默，却能领悟别人的幽默，而第三等的幽默就连理解能力尚且缺乏。天生的幽默感是最高层次的幽默，它是一言一行、一举一动中自然流露出来的，并不来源于精心的刻画，细致的设计。

　　自然流露的幽默让人不解后深思，深思后顿悟，顿悟后大笑，堪称回味无穷。而刻意、做作的幽默非但无法让人开怀大笑，甚至有可能让人像吃了苍蝇般恶心、反胃。钱锺书先生说，但凡经过提倡所产生的幽默，一定是矫揉造作。只因真正高明的幽默总是在不经意间自然流露，那是在一瞬间迸发出的智慧火花。

　　在现代人心目中，机器制造与纯手工制造之间差的是一种情怀、是一种质感。对于幽默来说，也是如此，自然流露的、纯天然的幽默所带来的效果远远大于那些装出来的幽默。

　　真正具备高明幽默感的人，一定充满着智慧。因跌宕起伏的人生经历，因丰富充沛的情感经验，他才能逐渐练就深厚无比的底蕴和富有情趣的谈吐，开起玩笑来才能云淡风轻、充满哲理。这样的人抖起"包袱"来，往往信手拈来，自然而然地就流露出了他充满智慧的人生态度和他深厚的幽默功力。

野外的清泉潺潺流淌，任何时候都没有停歇的迹象，这是因为清泉之下藏着永远不会枯竭的地下水。幽默也是如此，一个底蕴、阅历都很深厚的人，必然有着纯天然的幽默感，往往流露在不经意间。

真正具备高明的幽默感的人，一定自信而又乐观。自然流露的幽默表露的是真实的心态，只有对自己的生活、对未来的前景充满希望的人，才有心思去逗乐自己、逗乐他人，说起俏皮话来才会那么的生动有力，充满感染力。自信而又乐观的态度让他们永远相信自己，永远向往明天，让他们苦中作乐，笑对人生。

阿里巴巴的创始人马云就是这样一位天生具有幽默感的人。尝试着去捋清他的人生经历，了解他的为人处世，阅读他的幽默语录，你才会深刻地认识到他的睿智与自信、乐观与坚定。马云的幽默感伴随着他走过最初的艰辛，走过危机四伏的寒冬，走过荆棘遍野，最终迎来了辉煌灿烂的今天。他的幽默感是天生的，亦是丰富的人生阅历和开阔的眼界造就的结果。

2000年的马云正处于创业期，那时候的他远远没有现在有名气。有一天，马云去某个小区上办事情，突然想到之前一个叫作陈伟的朋友跟他说自己将家搬进了这个小区。马云临时起意，准备去看看这个朋友。照着陈伟给的地址，马云顺利地找到了他的新家，对方刚一打开房门，发现是马云，又惊又喜，连忙招呼马云进屋。

进去一看，马云乐了，原来一大帮老朋友都聚集在陈伟的新家里打牌玩乐，立马热情地跟老朋友们寒暄起来。了解到马云还没有吃饭，陈伟给他做了一碗泡饭，马云匆匆扒了两口后，便准备起身离开，他实在是太忙了。哪知道临行前，他因为某件小事和另一位朋友打了个赌，结果输了好几百块钱。马云有点无奈地说："我本来还想着省一点是一点，到你家里吃点泡饭，结果没想到你家的泡饭比香格里拉的还要贵！"一句话惹得大家哈哈大笑起来。

幽默的真谛在于纯天然，它是发自内心的自然流露。一个只会说粗俗段子、习惯以出丑卖乖逗乐他人的人根本不懂什么是真正的幽默。想要成为一个拥有独特幽默感的人，就该努力去经历世事，增长阅历，努力观察生活，努力读书丰富自己。

言由心生，真诚的说辞才能激发共鸣

言由心生，情随感发。语言永远是内心思想的真实表达，你心里如何想，有哪些小心思、小盘算，都会一一体现于你的语言、语气以及细微的面部表情。想要使你的语言更富感染力，想要激发旁人的情感共鸣，首先，你得确保自己言语真诚。

古人说，"至念道臻，寂感真诚"，意思是说，只有真心实意，坦诚相待，才能真正地感动他人，获取他人的信任。真诚，令我们广结善缘，令人生永立不败之地。言辞真诚，方能无事不克；行动真诚，方能无业不兴。真诚对己，则心怀坦荡，笑口常开，岁月不欺；真诚对人，则贵人不断，好运连绵，平步青云。

只有真诚的说辞才能激发旁人的共鸣，如果你并非出自真心，那么无论你说得多好听、多精彩，在别人听来，也只觉得乏味、刺耳。2012

年，一部叫作《舌尖上的中国》的纪录片吸引了无数的观众待在电视机旁，苦苦等候到深夜，堪称一夜爆红。

《舌尖上的中国》不仅勾起了人们的腹中馋虫，更叫人感动到流泪。它的走红出乎所有人的意料，也给我们带来诸多超越美食的思考。《舌尖上的中国》背景音乐生动质朴，与浑厚沉稳的男声旁白相得益彰，加上深入百姓生活、丰富而又平实的画面内容，这一切都在向我们传达着某种真诚的力量。

正是这份真诚，极大地激起了观众们的情感共鸣；正是这份真诚，让《舌尖上的中国》成了一部难以超越的经典佳作。

你真诚的语言永远胜于滔滔不绝的雄辩，胜于虚伪空洞的奉承客套。大文豪莎士比亚说："质朴的言辞比巧妙的言辞更能打动我的心。"想要拉拢人心，不要一味只去拍马屁、献殷勤，反而要更真诚地行事、更真诚地说话、更真诚地待人。

　　李刚是一名房地产经纪人，最近公司分给了他所在的小组一个任务，让他们去推销火车站旁边的一个楼盘。小组主管找到了李刚，说他是最优秀的组员，坚冰只能由他来打破，他得第一个卖出房子，李刚因此为难了好多天。原来那栋楼盘虽然靠近火车站，交通便利，却也紧挨着一家木材加工厂，噪声很大，一般人很难忍受。

　　正在左右为难之际，李刚突然想起以前的一个客户，当时和他接洽的时候客户和他提出，想买一间房子，首要考虑朝向和交通，后来因为种种原因那位客户并没有买到心仪的房子，那位客户还很遗憾。李刚一拍大腿，看来这个客户就是他潜在的"成交客户"。

　　他立刻去拜访那位客户，简短说明了来意，那位客户一听就来了兴趣。

见客户兴致盎然的样子，李刚沉吟了半晌，缓缓道："有件事情还需要告诉您，这栋楼盘的房子之所以这么便宜，是因为它旁边有一家木材加工厂，每天工人们都会锯木头，噪声非常大，如果您能容忍这些噪声，我一定是您最好的合作伙伴！"

客户听了脸上的笑容收敛了，谨慎地说自己还须到现场去考察一番。两人谈了会儿后，李刚便告辞了。直到临走前，那位客户都没有提起买房的事，之后一连几天都没有联系他，李刚心里很失落，知道这笔生意可能黄了。

结果几天后，客户突然找到了公司，对李刚说自己要买房子，李刚自然欣喜若狂。签完合同后，客户竖起了大拇指："你这小伙子人老实，心地善良又正直！我去那栋楼盘看过了，那里的噪声对于我来说根本不算什么，而且一天也就持续几个小时。如果是别人，肯定光说好听的，闭口不提这点，但你不一样，你这么坦诚，反而让我放心！"

就这样，李刚成了小组中第一个卖出房子的人，主管请他发表感想，李刚不好意思地说："销售人员并不一定都需要油嘴滑舌，相反，真诚的言辞反而能够赢得客户的信任！"

美国现代小说家德莱塞曾说："真诚是人生的命脉，是一切价值的根基。"真诚的言辞反而能够激发对方的共鸣，只有真诚的人才能够获取别人的信任。有的人一厢情愿地认为好口才指的就是那些花里胡哨的"漂亮话"，实际上，只要花点心思，漂亮话人人都会说，却并不一定都能取得预期中的效果，有时候还会引起别人的反感。

关键在于，无论说什么话，你都要发自肺腑、想方设想地去表现你的真诚。你的话里若少了那几分诚意，纵使流畅优美，辞藻斐然，也只相当于一束没有生命力的绢花而已，看起来美丽，却并不鲜活动人。在人际交往的过程中，你若能学会恰到好处地表达出你的真诚，一定更容易走向成功。

换位思考，让你的语言更动听

李薇的孩子今年快两岁了，一直都是婆婆照顾的。近期，婆婆去了外地走亲戚，孩子便丢给了李薇夫妻俩。婆婆不放心，时不时就打电话回来询问一下孩子的情况。这天，李薇的老同学来找她叙旧，两人正聊得开心，婆婆一个电话又打来了。电话中，婆婆反复询问孩子照顾得怎样，李薇正想如实回答，不小心碰到了挂断键，电话那头立刻没了声音。

她正想打过去，老同学突然开口道："李薇，你等下别说照顾得还好，也别说照顾得不好，直接就说不如平时，让你婆婆赶紧回来……"

李薇有点莫名其妙，问道："孩子好着呢，为啥要说不如平时啊？一家人不用客气吧。"

同学笑了："李薇，你还和上学的时候一样心直口快。这不是怕让老人寒心嘛，你要说孩子挺好的，她心里多多少少会有点挫败感，觉得自己原来没有想象中的那么重要。但是你要说孩子照顾得不好吧，孩子是她一手带大的，她肯定会为这孩子焦心，忧虑多了就伤身体。其实你大可以说，不如平时，一来表示孩子没啥大事；二来她也会觉得很开心，自豪自己的作用和地位……"

李薇听得一愣一愣的，又惊又喜道："哎呀，你太会说话了！我怎么没有想到呢？"

老同学也笑得很开心："这没什么，其实说话的时候只要注意一下换位思考，你说出来的话就会更动听，也自然会少很多麻烦。"

想要将话说好、说准，也要注意换位思考。所谓"世事洞明皆学问，人情练达即文章"，想要洞明世事，练达人情，就要去培养自己换位思考的能力。而所谓的会说话的人，也不过就是比别人更会换位思考而已。

论语中说"未见颜色而言谓之瞽"，意思是说，跟长辈跟任何人说话的时候都要注意对方的脸色，否则就跟盲人无异了。察言观色正是在为换位思考收集信息，你越了解对方此时此刻的心理，你就越容易"恭"其所需，你说的话也就会越动听。

说话善解人意的人通常都善于换位思考，他们总是会设身处地地为别人着想，言语中充满着理解和安慰。那么，如何才能说出善解人意的话呢？

一、情理兼备，有理有据的话语拥有着强大的说服力量。

《三国演义》书中的第二十五回写的是张辽一路追击关羽，直到将他追至绝境，面对张辽的咄咄逼人之势，关羽说："我今日虽然身处绝地，眼见着没有活命的机会，但我视死如归！"张辽说："兄弟您今天若是死在这里，有三桩罪过，其一，当年刘使君与您桃园结义之时，您曾发誓要与他同生共死，如今刘使君刚打败仗，大军正自撤退，倘若有一天他有意东山再起，想寻求您的帮助，却得知您早已经不在人世，您这岂不是辜负了当年的盟誓？"

关羽低头沉思，似有松动。张辽继续说道："其二，刘使节将二位夫人托付于您，您自然是视死如归，可两位夫人却不免失去依靠，颠沛流离在这战火之中；其三，您武艺超群，心怀大志，却不去与刘使君一道匡扶汉室江山，反而选择逞那匹夫之勇，将性命白白丢失在此地，真是叫人心寒叹息！"

张辽字字珠玑，每句话都说到了关羽的心坎旦，一番挣扎后，他终于听从了张辽的建议，决定暂时归降，再从长计议。

在现实生活中，我们若也能每一句话都说到点子上，情理兼备，有理有据，极有可能会将原本注定失败的事情扭转向良好的方向。

二、换位思考、将心比心，更能够打动人心。

某市城管与小贩发生争执，一片混乱中，小贩不慎重伤城管，一时引起轩然大波。在法庭上，为小贩辩护的律师这样说道："自古以来，就有贩夫走卒，引车卖浆，这是一份正当的职业。我的当事人一直生活在社会底层，为了养家糊口，不得不从事这份在人们眼中卑微无比的工作。我恳请大家将心比心地想一想，如果一个赖以谋生的饭碗被打碎，被逼上绝路的时候，在那样一种混乱的情况中，难道你们会比我的当事人更加理智冷静吗？我们的法律是为了保护共同的幸福，而不是将他们推入这种两难的境地……"

律师的话引起众人一片默然，大家都陷入了深思之中。

案例中律师的话既富有浓浓的人情味，也很有感召力，那种将心比心的言辞，让听众们不自觉地产生共鸣。你要懂得站在对方的立场上将心比心，去努力感受对方的情绪，这样才能说出动听、感人的话语。

三、遇事多换位思考，多温情包容，方能化解误会。

　　有一年，霍金夫妇共同的好友菲丽帕生病住院，霍金便偕妻子去医院看望。谁知道在病房门口，霍金夫人却被拦了下来，医护人员告诉她说，菲丽帕现在只想见霍金，其他人谁也不想见。霍金夫人一个人落寞地坐在医院走廊里的长凳上，满腹委屈与难堪。她努力控制着情绪，在病房外足足等候了两个多小时，后来竟不知不觉地睡着了。

　　菲丽帕和霍金结束谈话后，两人边说边笑地走出病房，发现霍金夫人正斜靠在冰冷的长凳上，微闭着眼睛打盹儿。菲丽帕赶紧摇醒霍金夫人，连连道歉，霍金夫人却微笑着说：“你突然生了病，心情肯定烦闷苦恼，我和霍金来探望你，就是希望你能够恢复好心情。你只愿意见霍金，肯定有你的道理，我并没有怪你啊！”

　　霍金夫人这么一说，菲丽帕更加惭愧了，不由激动地说道：“有你这样一位善解人意的好朋友，真是我最大的幸运！”

案例中的霍金夫人温情包容对方，充分体现出了她的善解人意，此也获得了菲丽帕的尊重与信任，可谓是我们学习的榜样。

领域权威，让你的话语更有力量

美国女记者赫金斯在柏林封锁的初期，通过种种努力，终于采访到了驻德美军司令——克莱将军。当克莱将军见到这位娇滴滴的美女记者后，很是不以为然，话里话外都带着淡淡的讽刺，可是接下来的事情却出乎他的意料。聊了几句后，赫金斯有意无意地问道："请问美军是否正计划派一支装甲部队驶进柏林？"

克莱将军立马警惕了起来，就在几个小时前他还在和美国大使讨论着这个计划，照理说这个消息应该不会有人知道才是。克莱将军严肃地问道："请问您是如何知道这个消息的？"他得揪出背后的"告密人"。让克莱将军大吃一惊的是，根本没有所谓的"告密人"，赫金斯之所以知道这个消息，完全来自她自己的研究和判断。虽然她只是一位记者，却花了大量的时间和精力在美德的军事形势上，她日夜钻研，阅读相关资料，请教资深人士，简直成了这方面的专家。而这个消息就是赫金斯在仔细研究后做出的精准判断。

克莱将军不可置信地看着面前这个娇弱的女子，内心充满了钦佩。

很多人都苦恼于在人际交往中的弱势地位，他们的话既不受重视，也无法发挥出预期中的效果。其实这也算是人之常情，生活中的大部分人都信奉权威的力量，一模一样的一句话，由你口中说出可能没有一个人相信，由专家口中说出却备受推崇。所谓"人微言轻"，与其自怨自艾不如努力去提升自己，让自己成为领域内的权威，增加你话语中的分量感。

什么是权威？人们通常认为，在某个领域或行业中存在着一定的话语权和影响力的人，被称为权威。专家和权威的话总带着令人信服的力量，一言一行都颇具影响力。想要牢牢把握住话语权，一定要想方设法成为行业内的专家。一旦你成为领域权威，你的话便会被重视，你在人际交往中的地位自然也会得到提升。那么，我们怎样才能成为梦想中的领域权威呢？

鲁迅曾说："广然后深，博然后专。"先得广博，才能深刻。意思是说，只有广泛涉猎，打好基础，再在一种或多种领域同专心研究，成为专家。在人际交谈中，"先广后专"同样有着启示性的作用。"广"要求你丰富自己的知识体系，确保和任何人都能自如交谈；"专"要求你扎根于某领域，直到成竹在胸、了若指掌，慢慢地，你就会变成这个领域内的权威。

战国时期，有一个叫作苏秦的政治家，学问渊厚、满腹经纶，十分受人爱戴。他年轻的时候却不爱读书，说话浅薄而无趣，令人反感至极。他到各国游历，因才疏学浅屡受到别人的讥讽和嘲笑，没有人将他所说的话放在心里。回到家后，家人对他的态度也很冷淡，十分瞧不起他。苏秦二受刺激，下定决心要发奋苦读。此后，他经常手捧诗书，一直苦学到深夜。每逢困倦的时候，苏秦就拿尖锥直刺大腿，疼痛袭来，睡意顿无，这才能继续清醒地读书。经过一番努力，苏秦在学习上的成就越来越高，眼界越来越开阔，一言一行无不受人尊敬。

说话一定要有专业权威，这样你说出来的话才有力量。想要变得专业、权威，就得付出一番努力，让自己成为领域权威。马云、李彦宏等实业家们在商业、创业等领域有着绝对的话语权，他们说出的每一句话都会被年轻人认真研读。李安、张艺谋等导演们在电影拍摄、调度、立意上的经验之谈也会被每一个电影受众们牢牢地记在心里。行业大咖们的话总带着让人信服的力量。回想你身边的朋友，你也会喜欢同说话中肯、理性、专业的人交谈，不自觉地相信他们的话，这就是权威的力量。

郑欢工作几年后还只是个小职员，他工作能力一般，又没有什么突出的才能，各方面都很普通。性格内向的郑欢不太擅长应酬，在同事聚餐等活动中，总是会被人遗忘在角落里。郑欢心里很是受不了别人对他的忽视，却又不知道该如何改变现状。后来他在网上遇到一个网友，两人很聊得来，郑欢大吐苦水，网友建议他说，想要改变别人的看法，就得从自身做起，工作上端正态度，努力让自己变得优秀，生活中尝试着找到自己的兴趣点，让自己变成领域权威。只有丰富了自己，才能"惊艳"他人，没有人愿意同白纸般空洞无趣的人交流。

网友的话让郑欢思考良多。他开始平心静气，按照网友的建议一点点积累了起来。不出半年，他在工作中取得了亮眼的成绩，生活中也结交了一帮知心好友。他变得越来越自信，越来越有魅力。

如果你的话总被人忽视，不要抱怨，这一定是因为你还不够优秀。你得端正态度，努力让自己变得深刻、权威、专业起来，只有这样你才能称为人群中的焦点，你说的话才能铿锵有力，充满感染力。

找准话题，获取更多兴趣点

要想将话说到别人的心坎上，一定要找准话题，想法获得对方更多的兴趣点。想要掌握这种高超的语言技巧，你更得花费一番心思。美国的前总统西奥多·罗斯福无论和什么人交谈，都能够做到谈笑风生，好像有着说不完的话似的。无论是政客还是牛仔、外交官抑或是美国大兵，但凡与罗斯福有过交谈的人都会由衷地敬佩他的学识，深深为他高超的语言魅力所倾倒。那么，罗斯福是怎么做到这一点的呢？

为了寻找到合适的话题，罗斯福会在客人来访之前细细地研读他的生平资料，圈画出值得注意的点，再精心设计一连串的话题，这使他的话语总能够吸引着旁人不断与他交谈下去，使他的一言一笑总是充满着打动人心的力量。

不少生意人经常会吃闭门羹，很大程度上是因为他们没有掌握好与客户交流的技巧。他们的话大多乏味枯燥，哪怕是恭维赞美也显得虚假无比，这才屡屡被下逐客令。如果你的话引不起对方半分兴趣，甚至叫对方反感，你的生意不可能轻易做成。

想要引起别人的注意，给对方留下好印象，谈舌间就要尽量注意"投其所好"，找准话题比什么都有用。想要打开别人的心扉，就要找到对方感兴趣的领域，围绕对方的兴趣点进行交谈。

汪林是本市最大商场的市场部经理，为了谈合作，他带着相关资料来到了当地一家帐篷制作厂。在厂长吴老板的办公室里，他好说歹说，费尽口舌，对方却仍然没有合作的意思。汪林暗暗提醒自己要沉住气，他抿了一口茶，尽可能地放松状态，装作无意地提起："我之前看到手机里推送的本地新闻，听说很多喜欢露营的年轻人都习惯于使用贵厂生产的帐篷……"

一聊起这个话题，吴厂长的表情也放松了下来，他一边打开手机查询起来，一边笑着问道："是吗？前几天有记者来采访，想不到这么快就上了新闻了啊？"汪林竖起了大拇指："贵厂产品质量过硬，本市人哪个不晓得？"说着，吴厂长找到了那则新闻，指着手机屏幕对汪林侃侃而谈："没错，咱们市里各大门店里销售的帐篷有一大半都是我们厂里生产的，年轻人最喜欢用我们的产品，用的都是进口材料，结实耐用不说，性价比也高……"

汪林就着这个话题同吴厂长聊起来，足足谈了好几个小时。与吴厂长告别的时候，对方竟主动提起合作的事情，还约定了下次拜访的时间地点，显得十分热心。

言逢知己千句少。如果你聊的话题正好是对方感兴趣的，哪怕说一千句对方也只会觉得意犹未尽。做生意也好，交朋友也好，不能只说自己感兴趣的，你要想清楚对方喜欢听什么、说什么，在对方感兴趣的话题上大做文章，才能尽得人心。

那么，你又该如何去寻找交谈对象们的兴趣点呢？

毫无疑问的是，再淡泊名利的人其实也很喜欢别人谈论自己。每个人在潜意识里都希望自己能够成为谈话的中心，每个人也都希望听到别人的恭维和夸赞。无论和谁交流，你都要尽量"托着""抬着"对方，满足对方被重视、受聆听的心理欲望。多多去谈论他，而非你自己。

有一名保险业务员业绩很亮眼，尽管他 的大多是"难啃"的客户，却都能够顺利地签下保单，有人问他秘 他只憨厚地笑着说："话题要尽量围绕着对方来进行，而不要只顾自 个痛快。不管对方的态度有多恶劣，只要你找到他擅长的事情，并 求教，客户们说话的口气大多会柔和下来。"

想要找到对方的兴趣点，通常不会那么 只要你有一双善于挖掘的眼睛。交谈的过程中要察言观色，有条件 务必要提前做好调查，根据对方的喜好与兴趣设计好话题，毕竟， 知彼方能百战百胜。

纽约有一家面包公司很出名，在创 期，它的老板杜维诺先生一直尝试着想把公司的产品卖给 某国际饭店。为了这笔生意，他走了不少弯路。杜维诺常 该饭店的经理致电问候，更努力想要融入对方的社交圈， 种举措却都宣告失败。后来，杜维诺先生消停了一段时间 决定要改变策略。

杜维诺派人调查了许久，才发现， 店经理是"美国旅馆招待者"和"国际招待者"这两个组 主席，每一年，经理都会积极参加"美国旅馆招待者"和 际招待者"的大小会议、活动，从未缺席。杜维诺心里有 意，他想方设法加入了那两个组织，并以会员的身份在活 与该经理亲切交谈，他真诚地向对方请教各种事宜，两个人 就成了无话不谈的好朋友。一段时间后，该饭店的厨师打 给杜维诺，要他将面包的样品与价格送到饭店，杜维诺成 致成了这笔生意。

和人交流，与人结交，一定要认识到找 题的重要性，聪明人都知道如何去投其所好，如何挖掘出对方的兴 。只有这样，你才能赢得对方的好感，才能实现预期的目标。

75

掌握各种知识，为你积累谈资

周潇考入了梦寐以求的传媒大学，在喜欢的校园里学着喜欢的专业，一切都很顺利。他一直梦想着毕业后能够成为一名主持人，然而他却一直无法改变内向孤僻的性格。他深深地为自己浅薄的口才而苦恼，整日忧思不安，甚至因此耽误了学业。辅导员察觉到了他的异常，特意将他叫到办公室里谈心。面对辅导员的嘘寒问暖，周潇倍感安慰，不由得将自己的担忧一股脑儿地倾诉了出来。

辅导员笑了，问道："你知道提升口才关键在于什么吗？"

周潇摇摇头："我知道该去多多和人交流，多走出去展现自己，可是我一直做不到……"

辅导员温和地说："想要提升口才，你首先得增加自信。想要丰富自己的口才，你更要想方设法去积累谈资。有两个途径能够达到这样的目的，一是开阔眼界、丰富阅历；二是提升知识的储备量，只有掌握了各种知识，你才能自如应对任何话题。同时，渊博的学识也会为你带来斐然的文采和澎湃的激情，这会让你变得更热情、更自信，而又值得信任。"

有一句话叫作"操千曲而后晓声，观千剑而后识器"。同样的道理，只有广泛阅读，掌握各门各类的知识，才能做一个内涵丰富、底蕴深厚的人。拥有了庞大的知识架构，你在与人交流的时候才能毫不费力地旁征博引、信手拈来，你说的话才会既有趣又有用，让人爱听。想要提高说话的水平，想要积累谈资，你得努力去学习各种知识，努力去丰富知识储备。

现实中，很多人话里行间都很苍白浅薄，要么词不达意、颠三倒四，要么言语乏味、干涩无聊，要么粗鄙不堪、污人耳朵。另一些人说话却既生动有趣又简练直接、逻辑丰富、直指人心，不管在什么场合里，都能运用恰到好处的话语让人耳目一新。两者之所以有着天壤之别，在于双方截然不同的阅读习惯。

不读书，不学习，不注意积累丰富的学识，你整个人会渐渐变得无趣直白起来，你理解不了别人话里那些切情切景的典故，也听不透别人的弦外之音、话外之意，你更说不出饶有趣味的话语，开起玩笑来也往往落于俗套，甚至流于低俗。慢慢地，你就会变得越来越没有"质感"，在交际场合里也备受排挤。

想要改变这一切，先得改变自己单一的阅读习惯。从广泛涉猎开始，博览群书，积极学习、积累各门各类的知识，丰富口才，提升内涵。有的人只喜欢看言情小说，却对名家名篇嗤之以鼻；有的人沉浸在明星们的娱乐八卦里，却对时下热点、国家大事毫不关心，这样的人之所以还保持着阅读的习惯，基本上是为了打发时间，哄自己开心。他们没有意识到阅读的重要性，也从没有产生过学习的冲动。

不进步，必然会被淘汰，社会的竞争只会越来越残酷，如果你脑中空空，又不懂得如何在人际关系中脱颖而出，只会被社会、被时代所淘汰。只有不断地学习，广泛地阅读，积极地扩大知识面，才能在激烈的竞争中立稳脚跟。

专家说，盘点一个人脑中的所有知识，几乎90%以上的获取途径都是阅读。各类书籍中的养分珍贵无比，它可以浇灌出理想的果实，它可以让你变得更精彩出色。知识为你开阔眼界、挖掘话题，带来谈资，一个学识丰富的人在任何场合都能够做到驾轻就熟，无论是"阳春白雪"还是"下里巴人"都能无所不知、信口拈来，张嘴就是金句。

知识浅薄之人说话往往毫无营养，显得目光短浅、心胸狭窄。但其实，没文化和不阅读是两回事，一个人即使没有受过高等教育，只要他懂得去学习、去积累，积极努力地去提升自己，完全能够变成一个说话有趣、内涵丰富的人。一个人即便出身高贵，念过很好的大学，却丝毫没有阅读的习惯，从不有意识地去开阔眼界、充实内心，也会成长为一个空洞苍白、毫无乐趣的人。

当然，读书要"博爱"，各门各类的知识都要了解一点。文学、自然科学、历史、地理人情、音乐、电影，包括实用生活知识或者时下热点新闻等，无一不是谈资，无一不能够为你创造话题。不要局限自己的阅读范围，蜜蜂若只在一处采花，是酿造不出香甜的蜂蜜的。只看某一类书，只学习某一类知识，你所拥有的知识面就会越来越窄。

说话水平的高低与你的知识储备量息息相关，如果你只熟悉、擅长某一领域，对其他领域一概不知，同时又毫不关心，遇到不熟悉的话题的时候，你就只能干瞪眼了。若积极地涉猎、积累各种知识，那么无论遇到任何人、任何场合、任何话题，你都能发表几句自己的见解，让对方对你刮目相看，将你视为知己。

第4章　学会赞美，说出别人喜欢听的话

用言语让对方感觉自己被尊重

美国心理学家马斯洛提出，人的需要分为五层，而第四层——关于尊重的需要，便是人类的一种高级需要。"尊重"二字，表面上轻如鸿毛，实际上却重如泰山。懂得尊重的人，必定深谙人际交往间的融洽之道。因为他们善于运用言语的力量去让对方如沐春风，让对方不自觉地产生好感和信任。

被他人尊重，是每个人最迫切的心理需求，而尊重他人，体现的则是你的人格和修养，更是促使你与这个世界融洽相处的必要法则。首先你需要摆正的心态是，你身边的每一个人，无论身份贵贱、职位高低、财富多少、能力大小，都有其值得被尊重的一面。当你在生活中处处摆出平等、和善、尊重的姿态，你收获的不仅仅是好人缘这么简单。

你要记住，人生处处是"考场"，你对别人的尊重也许很快就会转化成你人生路上的"神助攻"，而你某一次粗鲁蔑视的态度却很有可能变成阻碍你继续前行的"猪队友"和"拦路虎"。

前两天，李娜带着儿子去了游乐园，也许是着了凉的原因，儿子回来后一直有点咳嗽。到了星期一，儿子一直嚷嚷着要和她一起去上班。她想到丈夫出差了，自己也实在不想将儿子一个人留在家里，便带着他去了公司。

李娜是公司营销部的经理，她将工作任务分配下去之后，便带着儿子在一旁玩了起来。儿子感冒还没好，她拿出纸巾给他擦了擦鼻涕，随手将用过的纸巾揉成一团，瞄准不远处的垃圾桶，手一扬，纸巾团却轻飘飘地落到了地板上。李娜想，等会清洁工会来打扫办公室，便没理会躺在地上的垃圾。

这时候，一位老人徐徐走了过来，看了他们母子一眼，没说什么，弯腰捡起地板上的那团纸巾，扔进了垃圾桶。

老人面貌普通，身着朴素，李娜边剥着橘子边指着老人对儿子说："看看吧，你要是不好好学习，将来肯定考不上好大学，考不上好大学就找不到好工作，就只能像那个人一样去做清洁工，被人瞧不起！"

说着李娜将一瓣橘子送进了儿子的嘴里，随手将橘子皮扔在了老人脚边，冲着老人说："哎，扫干净点，垃圾桶里的垃圾也赶紧收拾走！"

老人面无表情地看着她，问道："只有公司职员才可以进办公室，请问你是这个公司的员工吗？"

李娜皱了皱眉头，火气很大地说："你瞎问什么？我当然是！我是这家公司营销部的经理！"

老人缓缓道："公司规定，职员上班时间都要戴工作牌，我怎么没见到你的工作牌？"

李娜早上走得匆忙，把工作牌忘在了家里，这会儿见老人问起，她心里有一点点警觉，不由试探着问道："你一个清洁工不好好打扫卫生管这么多做什么？"

这时候李娜突然见总经理火急火燎地冲了进来，对着老人恭敬地喊了一声"林总"，她不知所措地站了起来，脸顿时变得煞白。前两天就听说公司老总从美国悄悄回到了国内，可是她怎么也没有想到传说中雷厉风行的一把手就是面前这个其貌不扬的老人……

她赶紧冲着老人低头道歉，老人却没有搭理她，而是对身边毕恭毕敬的总经理说："我建议你重新考虑一下营销部经理的人选。"

最后，老人蹲下身子，看着李娜的儿子，温和地说："孩子，光顾着好好学习是不够的，你还要好好尊重身边的每一个人。"

尊重是相互的，你如何对待别人，别人就会如何对待你。善于运用言语让别人感觉到自己被尊重的人，也会受到别人的尊重。我们从小接受的教育一直在对我们强调，要尊重他人，要讲礼貌守公德，实际上能够真正坚持下去、始终如初的人并不多。都是在社会上摸爬滚打后，才渐渐明白，与人方便就是与己方便，尊重他人就是尊重我们自己。

很多年轻人自视甚高，说话太过张扬锐利，不懂得给别人留面子，也不懂得给自己留下转圜的余地。他们在言谈之中往往习惯于将自己放在第一位，根本没有意识到自己一句话就得罪了很多人。有的年轻人认为那些对别人尊重、赞扬的话语是在拍别人的马屁，他们鄙视这种行为，更不屑去做。实际上，赞美别人何尝不是在激励我们自己呢？尊重别人何尝不是在为我们自己求得肯定呢？想通了这个道理，你才能初步懂得为人处世的哲学。

　　李磊和吴洋是同事，他们学历相等，工作年限和经验类似，进公司的时间也差不多，可以说原本处于同一个起跑线上，但是两人的发展却是天壤之别。半年后，吴洋晋升为部门主管，工资翻了一番不说，人脉交际也渐渐广阔起来。而李磊却还待在原来的岗位上做着一名普通的职工，工资也毫无上涨的迹象。

　　有一次公司里举行篮球比赛，吴洋和李磊同作为主力上场，开场不久后，急功近利的李磊只想大出风头，拿到球后就运着球往篮球框底下蹿，根本不顾及其他的队友。谁知道李磊急着突破对方球员的包围圈，一不小心扭伤了脚脖子，只好提前下场了。他捏着受伤的脚踝，悻悻地坐在场边观望着接下来的比赛。

　　眼见着吴洋抓到球后，迅速跃起，投了一个三分球，李磊的心提到了嗓子眼。谁知道篮球重重撞到篮球框上，并未命中，李磊却高兴地鼓起掌来："吴洋好样的！不中不要紧，精神可嘉！"

　　吴洋假装没有听到李磊讥讽的话语，待球被传到了自己的手里后，又是一个跨步上篮，可是球却被对手及时打落了下来。李磊又呵呵地笑起来，大喊道："吴洋，再来一个，再来一个！你手别抖啊，总有投中的时候嘛！"

　　吴洋所在的队伍最终输了这场球赛，李磊又当着众人的面调侃起来："吴洋，这场比赛你可真是大出风头啊，大家的表现都不如你，你们队之所以输球你实在是功不可没！"

　　吴洋忍了忍没说话，等大家都走远后，他搀扶起受伤的李磊坐到凳子上，自己坐到对面，想了想，对他说："李磊，你知道你的问题出在哪里吗？"

　　李磊莫名其妙地摊摊手："你可真搞笑，我有什么问题？"

吴洋一股脑儿地将想说的话都说了出来："你这个人说话太不懂得尊重别人了，总是冷嘲热讽的，不管是对领导还是对同事，你总是这样一副态度，实在是让人太不舒服了。拿上次的方案会来说，你要是不同意我的看法就直说，顺便提出自己的见解，何必阴阳怪气、冷言冷语的？你根本不知道你这样损失了多少机会，得罪了多少人！"

李磊愣住了，久久回不过神。

吴洋语气真诚："我们一起进公司，当初的交情也是很好的，你想想你损了我多少句？我之所以不介意是因为我了解你的性格，可是你老是这样不尊重别人，吃的暗亏肯定会越来越多！"

吴洋说着说着，李磊慢慢低下了头……

泰戈尔说，你希望别人怎样对待你，你就得怎样去对待别人。这就好比，你对镜子里的人微笑，镜子里的人也会对你微笑。你多对别人说些尊重的话语，别人也会回馈给你相应的尊重和信任。别想着别人会无条件地将你捧在掌心里，你尊重别人，别人才会尊重你，这才是人与人之间的相处法则。

送别人的"高帽"一定要合尺寸

美国的心理学家威廉·詹姆斯说："人性拥有着一条最深刻的原则，他们总是希望别人对自己加以赏识。"这个世界上的每一个人都希望能够得到别人的赞美，当你诚心送他一项"高帽"后，即使他表面上婉言相拒，即使他明知你说的是一些奉承话，内心深处还是会忍不住沾沾自喜。

这是人性永远也改变不了的弱点，抓住这个弱点，很多事情办起来会容易得多。但是需要注意的是，送给别人的"高帽"一定要合乎尺寸，"过大""过小""过松""过紧"的"高帽"，非但不会起到预期的效果，还有可能适得其反。

拒绝需要方式，批评需要尺度，赞美也需要分寸。赞美的方法如若运用得当，不仅会为自己谋得不少便利，还能讨得别人的喜欢，乃是一举两得的事情。但是，如若你一味地将赞美当作一个任务去完成，只是简单地过过流程，既不在方式上下功夫，也不关心内容的分寸，你的赞美就会变成一场灾难。

你的"高帽"既要漂亮又要实用，不能只堆砌些华丽却空洞的辞藻或者是那些陈词滥调。聪明的人一句话就说到了对方的心坎里，这样合乎尺寸的"高帽"远远胜于千言万语。

明朝建国后，太祖朱元璋有一天突然雅兴大发，宣宫廷画师周玄素进殿，命他在大殿的墙壁上绘制一幅"天下江山图"，以彰显自己的千秋伟业和盖世功劳。

周玄素犯了难，真若在这大殿上画起"天下江山图"来，那该是一幅鸿篇巨制，绝不是短时间内可以完成的事情。如此广袤的天下，他又该从何处下笔？何况皇上心思难猜，稍微一笔不符他的心意，他周玄素的脑袋可就得搬家。可若出言拒绝吧，他此时此刻就得吃不了兜着走。

他静下心来，想了想，上前谢罪道："微臣画技浅薄，且从未走遍天下九州，实在是不敢擅自动笔。微臣斗胆恳求陛下启动御笔，勾勒本图规模，再由微臣润色一二！"

朱元璋这会儿正在兴头上，便让身边侍从拿来画笔，漫步至墙前，笔走龙蛇，"唰唰"几下，肆意描画了起来。不一会儿，一幅"天下江山图"的草图便出现在了众人的面前。周玄素上前一步，仔细观摩着墙上的画，称赞道："陛下您的笔法实在是叫臣汗颜，天子就是天子，下笔都有如神助，气象巍峨而又别具一格，相比而言，臣这种雕虫小技简直是贻笑大方！"

朱元璋笑着对周玄素说："朕已经画好草图，你来加以润色吧！"

周玄素突然跪地道："陛下，此事不妥，一来陛下之画巧夺天工，在微臣看来，已无润色的必要；二来陛下江山已定，岂可再有改动！"

听了周玄素的话，朱元璋心里很得意，不由哈哈大笑起来。因着一顶漂亮的"高帽"，周玄素不仅躲过一劫，还得到了很丰厚的赏赐。

人类除去物质需求，最重要的就是精神需求。每个人都希望自己能够得到别人的肯定与褒扬。很多人竭尽全力只为获取别人的认可，不管付出什么也在所不惜。重视这种心理需求，并巧妙地掌握了这种心理需求的人总是能够一句话就能说得对方心花怒放。

只是，马屁不能随便拍，"高帽"不能随便戴，这一切都需要技巧。那么，我们在赞美、恭维他人的时候又该注意哪些方面呢？

小陈平时说话有点"咋咋呼呼"，在办公室人缘很不好。他是同事们心目中公认的不懂人情世故、"满嘴跑火车"的代表，大家背地里提起他，都会鄙夷地撇撇嘴。这天，经理来他们办公室视察，小陈见他的头发特别亮，于是张口说道："主任，您在头发上抹了什么好东西啊？您这头发看起来又亮又光滑，简直比小姑娘的头发还好看！"

实际上小陈的原意是想趁机拍拍主任的马屁，谁知道主任听了后却一言不发，还没一会儿便铁青着脸走了。同事小李望着主任的背影，小声对小陈说："你可真是哪壶不开提哪壶，主任头上戴的是假发！"

从上面的案例中，我们可以看出，赞美他人的时候切记不要"哪壶不开提哪壶"，在别人的痛处大谈特谈。不管你说得有多动听，也不要在别人的缺陷、隐私、痛处等方面做文章。如果你真的做了这种傻事，一定不会有什么好结果。

再来说一个小陈的案例。有一段时间，全办公室的人都在忙着处理一个文案，大家下班后往往还要再加班几个小时。小陈发现，这段时间有一个男人天天来接办公室的大美女琪琪下班，两人的关系看起来特别亲近。这一天，那个男人又来接琪琪下班，小陈突然大声说道："这位是琪琪的父亲吧，叔叔您对女儿真是关爱……"

琪琪及时打断了小陈的话，又急又气道："你胡说什么啊？他是我男朋友！"

"那他长得也太着急了吧！"小陈脱口而出，片刻后又觉得不妥，找补道："不是，呃，我是说你男朋友长得很稳重，我跟你说，稳重的男人才值得信赖……"

尽管小陈努力说着好话，琪琪还是被气哭了。

从上面这个案例中，我们可以看出，给别人戴"高帽"，也要看看这顶帽子是否合适，千万不要张冠李戴，还没有弄清事实就胡扯乱说。

除此之外，赞美之词注意不要陈词滥调，尤其忌讳一些公式化的、烂俗的套词俗语，这样对方不但不会对你产生好感，还会大大怀疑你的真诚。你也不要鹦鹉学舌般地去说别人早已经说过的话，这样会让对方越来越感到厌烦。

毫无新意的赞美惹人讨厌，不合尺寸的"高帽"让人反感。正如说话要说到点子上，给人戴"高帽"也要"量体裁衣"，以便正中"靶心"。实际上，这个所谓的"高帽"，无非就是一些美丽的谎言，想要让对方乐于接受你的恭维和赞美，你就得尝试运用一些与众不同的表达方式。

背后的赞美，别怕不会让他听见

美国前总统罗斯福麾下有一名副官，叫作布德，他有一个深入人心的理论，那就是"背后赞美别人，比当面吹捧要有效得多"。

这是一种很高明的技巧，如果运用得当，所能够产生的效果将远远超过其他的赞美方式。背后的赞美一旦传到当事人的耳里，一定会让对方开心不已。他们既然喜欢听到这样的"流言"，自然也会对你这个"始作俑者"另眼相看。

不要怕背后的赞美不会被对方听见，所谓"人言可畏"，流言传扬的速度远远超过你我的想象。很多人总能够刚正不阿地对待当面的追捧与夸赞，丝毫不为之所动，另一方面却又很吃背后赞美这一套。这是因为，在这些人心里，他们认为你面对面地夸赞他，要么是在拍他马屁，要么就是有求于他。相反，如果你在背地里说他好话，被他听到了却会感动异常，因为他觉得此时的你一定出自真心。

俾斯麦是德国历史上有名的"铁血宰相"，曾经有一个议员很不喜欢他，俾斯麦为了拉拢他，就出了"背后赞美"这一高招。他不断地在别人面前称赞那位议员，说自己对他仰慕已久，还说这位议员是他见过的最优秀、最忠贞的人。俾斯麦知道，即使他从未当面对这位议员说过这些话，但大家一定会将他的话传到那位议员的耳朵里。果然，议员成功地听到了那些话，他对俾斯麦的敌意越来越少，好感却越来越浓，最后两个人还成了无话不谈的好朋友。

《红楼梦》里的林黛玉是一个孤高自许、目无下尘的女子，在众人眼里，她性格小气、言语尖刻，你若当面夸她，她不但不会领情，反而有可能将你狠狠地损一顿。

但是在《红楼梦》第三十二回里有这样一段描写，宝钗和湘云一齐劝导宝玉专心念书，练达人情，留心"仕途经济"，将来好为官做宦。宝玉听了却不悦，激动道："林妹妹从来没有说过这些混账话！要是她说这些混账话，我早和她生分了！"

这一番话却被站在窗外的黛玉听到了耳里，正是这一番话，让她"又惊又喜，又悲又叹"，从此认定了宝玉是自己的知己，对于宝玉的感情也至此铭心刻骨、生死相依起来。

我们一再强调，赞美的力量比我们想象的要深远广泛得多。在很多情况下，如果一个人当着你的面夸你，你高兴是会高兴，心里却不一定会认为对方说的是真话。而当你听到了别人在背后夸赞你的那些话语的时候，你一定会对那个称赞你的人心生好感。你绝不会怀疑对方的真诚，你也不会觉得对方说的是客套话和敷衍的恭维话。

如果你想迅速地和一个人搞好关系，不妨多多在别人面前赞美此人。

将心比心地想，如果有人对你说："我经常听到××提起你，他说你才华横溢不说，还极其认真努力，实在是他的榜样！"你听了会不会很开心呢？会不会突然对这个××生起很多好感和兴趣呢？

赞美的力度不够，便如隔靴搔痒，起不到什么效果；赞美过于夸张，又会让对方厌烦至极。赞美的态度最重要，越自然越显得真诚。而在背后赞美他人的方式，便是最自然、最真诚的一种方式。

这就好比当一个人犯了错的时候，你如果当众指责他的过错，他一定会暗暗地记恨你。但是你若背地里通过他人之口去点明他的过错，不但能够收到理想中的效果，还能赢得对方的感激。赞扬他人也是一回事，当面说如果显得过假，显得不真诚，不如在背地里通过别人之口去宣扬那些赞美之词，反而会让当事人深受触动，感动不已。

吴青上初中后，因为沉迷于网络游戏，成绩一落千丈不说，还变得越来越孤僻。母亲看在眼里痛在心里，面对不听话的儿子，除了批评教育外却无济于事。初二期末考试成绩出来后，母亲震惊地发现，儿子的成绩已经降到了历史最低点，他成了班上成绩最差的学生，哪怕就是在年级上也是倒数的。

其实吴青的成绩一直很好，性格也很乖巧，可是自从沾染上了网络游戏后，这一切都变了。母亲一边回想着记忆中文静懂事的儿子，一边看着他挂满红灯的成绩单叹息着，不知道该怎么办才好。这时候她接到了吴青班主任的电话，电话中班主任让吴青母亲明天去他的办公室一趟，聊聊吴青最近的情况。母亲忙不迭地答应着，随即心事重重地挂断了电话。

第二天，她如约来到了班主任的办公室。班主任严肃地说道："吴青这学期上课老是心不在焉，我好几次都在网吧里逮到了这孩子，他的网瘾太严重了，再不抓紧时间好好教育，到了初三更完蛋！"

班主任越说越生气："我批评过他那么多次，他都当耳旁风，一点也不把我放在眼里，简直无药可救！"

母亲心里一阵刺痛："吴青确实是很痴迷于网络游戏，成绩下滑也是事实，可是我不觉得他真的到了无药可救这一步。他学习是不用功，成绩也越来越差，可是他聪明，又能沉得住气，对人和善有礼貌，我觉得他还是很优秀的！"

班主任颇不以为然："反正你自己的孩子你怎么看都是好的。"

这时候，吴青正巧有事来到办公室，母亲的话都被他听到了耳里，他不禁感动得泪眼模糊。这两年来他一直觉得母亲太过唠叨，越来越不喜欢和她交流，可是这会儿，听了母亲的这一番话后，不由深深后悔起过往的所作所为来。

这件事后，吴青突然拼命地念起书来，只花了短短一个学期的时间便追上了其他的同学。母亲对他的改变既震惊又疑惑不解，她不知道的是，正是自己的那一番赞扬之语，才给了吴青走出困境的勇气。

实际上，吴青的母亲曾经当面赞扬过儿子很多次，可是无论她怎么说，吴青也只是一副淡淡的态度。他心里认定了母亲只是想要他好好学习才会这么说。可是当他听到母亲背地里和班主任说那一番话的时候，心里却受到了极大的触动。他看到了母亲对自己无私深切的爱和毫无保留的信任，他不想辜负母亲的爱和信任，暗暗发誓，一定要让母亲以他为荣，这才有了后面的改变。

假如一个人在背后说的关于你的坏话被你知晓，你心里一定会气到极点。同样的，如果一个人在背后说的关于你的好话被你听到了，你心里也一定会开心到极点。实际上这种心情很容易被理解，你一定会觉得那个背后说你坏话的人太阴险、太虚伪；你也一定会觉得那个背后说你好话的人真诚善良，很值得信任。你甚至会被他对你的"一片赤诚"深深感动。

如果你想要赢取某人的好感与信任，不妨尝试着在背后多说说他的好话，不要担心你的话不会被他听见，也不要质疑这种方式的实用性。如果你真的这么做了，很快你就会发现，事情正在向着你预期中的方向慢慢发展着……

赞美的技巧，放大他人身上的闪光点

在如今这个竞争愈发激烈的社会中，有一种很奇怪的现象是，太多人习惯于去给别人挑刺，紧紧抓住别人的缺点不放，却对他人的优点视而不见。这种态度不仅会损害我们和身边人的关系，还不利于我们自己的成长与进步。

实际上，最值得欣赏的做派莫过于"悦纳自己，赞赏他人"。我们要悦纳自己，要自我欣赏、自我接纳，正确地看待自身的优点和不足；我们要赞赏他人，努力发现别人的优点，努力放大他人身上的闪光点，给予对方充分的肯定与赞扬。

人与人相处的过程，离不开、也少不了所谓的"互相吹捧"。这非但不是虚伪，反而是人际交往间的至高真理。真诚地赞美他人，某种意义上也是对自己的一种鞭策。而接受赞美的那个人的自信心也会得到极大的满足。你可以将它简单地理解成"互利互惠"，这实际上是一种良性循环。

　　赞美让人心情愉悦，但同时得掌握一些"秘诀"，否则只能适得其反。你若想赞美别人，不妨将目光牢牢锁定对方的优点，在这方面大做文章。为人处世的哲学无非在教导我们无论是说话还是做事都要恰到好处，想要将话说到别人的心坎里，就得学会主动去放大别人身上的闪光点。

　　如果我们换一种思维来看待穷人与富人，你认为他们之间最大的区别在哪里？有人会认为他们之间的区别在于做事的努力程度，穷人太懒，而富人勤奋；有人认为他们之间的区别在于是否能够坚持，穷人常常半途而废，富人却能够坚持到底；有人认为他们之间最大的区别在于穷人一开始就输在了起跑线上，而含着金汤匙出生的富人们却能够轻松地赢得人生。

　　不可否认，上面这些观点都是成立的，但是如果抛开这些思维，来以一种全新的眼光去看待穷富之间的差距，我们会发现，穷人与富人的生活圈、朋友圈简直差了十万八千里。在穷人的圈子里，他们的处境都是如此的相似，他们的目光永远停留在和他们生活水准类似的人身上，他们永远只能够看到别人身上的缺点，见不得别人比自己过得好。可以说，抱怨是他们的常态。

　　在富人的圈子里，情况却截然不同。成功人士们都很看重共同利益，而不是个人利益。他们习惯将目光放在人身上，认为只有人才是最宝贵的，每个人身上都藏着一座潜在的宝藏等待着他们去挖掘。富人们总是很善于去发掘别人身上的优点，进行放大整合，再将它们合理地运用到相应的领域，以实现合作共赢。这就是绝大部分富人的思维。

　　想要进步，想要向上攀登，一定要最大程度地调整好自己的心态，努力去开阔眼界，豁达心胸，努力去训练自己的大局思维。第一步就是要从赞美别人开始，积极地去寻找别人身上的优点，积极去欣赏别人的长处。

林菲的顶头上司是一位四十多岁的中年男人，他以前在国企做了很长时间的办公室主任，一言一行中都带着浓浓的官腔，无论是管理模式还是管理思维都照搬国企那一套，让林菲十分反感。上司是典型的笑面虎，说话油腔滑调，工作喜欢推诿，人前架子十足，人后却喜欢议论八卦是非。上司的年龄和知识结构、管理理念等都很不符合公司的要求，要不是靠着关系，他很难在公司里立足。林菲年轻气盛，性格刚烈，当面冲撞过上司好几回。

让她头痛的是，因为工作的关系，她处处受着上司的管辖，有时候，为了避免和上司打交道，她甚至想一走了之，却又下不了决心。好朋友知道了她的烦恼，特意劝她道："菲菲，你不能太意气用事，即使你从公司辞职，也难保你以后不会遇到比他更讨厌的人，只要你在这个社会上生存，必定要有所妥协。"

林菲头疼地说："他天天找我麻烦，我实在不知道该如何应对他。"

好友苦口婆心道："你别跟他针锋相对，他毕竟是你领导，你为人处世得圆滑一点，尽量不要得罪他。其实，只要你换一种方式去看待他，和他相处起来也不会太困难。他就算缺点重重，让人鄙视，在社会上混了那么多年，身上肯定也有很多值得你学习的地方。你不要只盯着他的缺点，反而应该去放大他的闪光点，当面赞扬他的优点，学习他的长处，久而久之，你的涵养功夫便修炼到家了，他对你的态度也会所有改观。"

生存在这个社会上，你一定要懂得放大别人身上的闪光点，这样才能相互协作、相互支持，实现利益共享、价值共赢的目标。西周的开国之君周文王德才兼备，他第一次见到姜子牙的时候，对方还只是个落魄的老渔翁，他却从短短的一面之缘和寥寥数语中发现对方的智慧与善谋，毅然将这个老渔翁请上军师宝座，这才在姜子牙的帮助下一举推翻纣王的暴政。

正因周文王极其善于发掘他人内在的潜质，并重视他人的闪光点，他才获得了最后的成功。哪怕是公认的一无是处的人，也会有着自己的优点与长处，就看你能否顺利地发现它。将自己变成"聚宝盆"吧，不要去吝啬你对他人的赞美。

赞美对方不易为人知的优点

有时候，"甜嘴滑舌"并不一定意味着一个贬义词，喜欢去赞美、恭维别人的人也不都是虚伪的"马屁精"，只因人生缺少不了赞美，发自内心的赞美总能够为我们带来双赢的局面。这恰恰印证了这句名言："赞美是一种精明、隐秘而又巧妙的奉承，它从不同的方面满足给予赞扬和得到赞扬的人们。"

有的人意识到了赞美的好处，并开始尝试着去实践。但在那之后他们也许会抱怨，效果并不如想象中的那么好。如果你也是其中之一，那么请不要怀疑赞美的力量，你没有收到预期的效果，一定是你表达的方式出了问题。

赞美忌讳陈词滥调，忌讳客套虚伪，如果你所赞美的对象并不那么容易被打动，你就要变着法儿地另辟蹊径。如果一个人足够优秀，那么他一定听过很多类似的赞扬的话语，这时候你就不该去"鹦鹉学舌"，走别人走过的路。

苦恼的你不妨试着去找到对方潜在的优势或者被太多人忽略的闪光点，从这个方面入手，反而能够显现出你的真诚，你对对方的关注与欣赏。

比如说，一个貌美的女士一定听过很多人赞扬她的外貌、她的气质，你却可以去赞美她精湛的厨艺、她对流浪猫狗的爱心。一个成功的男人一定生活在追捧与恭维的空气中，你却可以从他的兴趣爱好上入手，去巧妙地赞美对方。

如果他爱美术，你就赞美他不俗的艺术水准；如果他爱古董，你就赞美他深厚的鉴赏功力；如果他爱健身爱攀登，你就赞美他积极的生活态度；如果他爱古籍、爱书法，你就赞美他超脱的心胸与情怀。

记住，你的目标是对方不易为人知的优点，从这个方面入手，一句话就能拉近你与对方的距离。想让你的赞美更显品位，你就一定得说中要害。赞美他人需要站在一定的高度，充分挖掘出对方不为人所知的优点，这样往往会给对方带来意外的惊喜。

张婕是当之无愧的销售高手，她不但善于抓住客户身上最耀眼、最吸引人的长处大加赞赏，还十分注意挖掘对方不为人知的优点，在关键的时候给他戴上一顶受用的高帽，让他开心不已。靠着这个本领，张婕不但签下了许多合作协议，还和很多合作对象成了要好的朋友。

有一次，她的下属去拜访一位画家，希望谈成合作。下属见了画家后，不遗余力地夸赞起他的画作来，还预言他将成为当代画坛中最独特的画家之一，将青史留名。无论下属说得有多肉麻夸张，画家却都无动于衷，原来自从他红遍画坛以来，他听到的赞誉实在是太多了，下属夸他，他非但不觉得惊喜，还觉得天经地义。

下属垂头丧气地回来了，将事情的经过向张婕细细描述了一遍。第二天，张婕亲自出马，又来到了画家的工作室。只见她落落大方，不卑不亢，很少说夸赞之词，反而和画家从容地聊起了艺术。说着说着，张婕自然地说道："大师，我发现您留着一把很漂亮的胡须，既有魅力又有风骨！"

张婕的一句话让画家喜笑颜开，他一直对自己的胡须很满意，可惜很少有人夸赞这点。这会儿被张婕这么出乎意料地夸了一句，登时便心花怒放起来。张婕与画家聊得很投机，一来二往后，两人成了很好的朋友，合作变成了水到渠成的事情。

法国作家巴尔扎克说："第一个将女性比喻成花朵的人，是当之无愧的聪明人；第二个将女性类比成花的人，不由叫人乏味；第三个还做此番描述的人，可谓是十足的大傻瓜。"赞美之言也是这样，你不要人云亦云地去赞美别人。你自以为说得很动听，殊不知对方已经听厌了这样的夸赞。不如另辟蹊径，努力挖掘出对方不为人知的优点，大肆褒扬，一定会哄得对方心花怒放。

高晓松在自己的节目《晓松奇谈》中曾提起这么一件事：一位音乐人夸他歌词写得妙，是歌坛一绝。音乐人特意提到，他尤其欣赏的是高晓松作词作曲的《万物生》，其中有一句歌词唱道："你说那时屋后面有白茫茫茫雪呀"，他说自己实在是太喜欢这个"白茫茫茫"了，一般人可能只会用"白茫茫"，而高晓松却在后面多加了一个"茫"，就这一个字让歌词中的意蕴更加深厚且意味深长起来。音乐人不停地夸高晓松这个字用得巧妙，面对这样的夸赞，高晓松本人明显很受用。

对于高晓松这样的名人来说，生平听过的夸奖可能不计其数，想要夸出新意却不容易。而这位音乐人的夸赞，却从细微之处入手，巧妙的恭维让高晓松开心极了。你若能发现对方不为人知的长处，并巧妙地予以夸赞，通常会给对方留下更深刻的印象，也能收到绝好的效果。你的夸奖因为与众不同，便愈发显得弥足珍贵，给对方的心灵带来了强烈的冲击。

分清赞美与奉承的区别

在很多人看来，赞美与奉承毫无区别，他们偏激地认为，赞美别人的过程就是向对方示弱、向对方溜须拍马的过程。正因秉持着这种观念，他们很鄙视身边那些不吝于赞美的人，他们也很反感听到那些赞美、恭维的言语。

这种看法无疑是大错特错的，赞美与奉承有着本质的区别，它们是两个截然不同的概念，它们代表着两种截然不同的交际态度。卡耐基曾将赞美与奉承的区别概括为："奉承是牙缝中挤出来的，而赞美却发自心灵。"

赞美用心纯良，奉承却别有居心。赞美永远出自真心，所以显得真诚、热忱；奉承却有可能虚与委蛇，当面一套背后一套。赞美是将对方与自己放在平等的地位上，对别人的长处与优势给予充分肯定；奉承却是自降一格，牺牲自己的尊严去讨好别人。

我们可以来具体分析一下。

区别一，赞美出于真诚，奉承来自虚伪。

　　赞美的行为来自一种"感动"、一种"冲动"，当你被对方的某项优点、长处打动的时候，你会不自觉地想要去赞美他。不管是他的精神品格，还是外貌言谈，只要有一处深深吸引了你的目光，就会有一种无形的力量促使你去赞美他的优点。

　　你在他的身上找到的闪光点深深地契合了你的价值观，或者出于尊重与友爱的需要，你赞美了他。你的赞美同时能够给予对方精神上的支持，使对方备受鼓舞。

　　奉承却不同，它不是发自真心的，而是一种虚伪的表现。当一个人用无比肉麻的话语去奉承另一个人的时候，并不是那个人的某项优点打动了他，他仅仅只是在进行一种"投资"而已。赞美必定出自真诚的认可与钦佩，奉承却只是基于一种与利益息息相关的目的。

　　奉承者在说着那些赞美的话语的时候，他也许满脸堆笑，也许言辞恳切，内心里却藏着一个阴暗冰冷的小人，而这个小人才是他的真实面目。奉承者希望用奉承来获得某项回报，他们自私、两面派，实际上是不太值得信任的。

　　　彼特是美国一家橡胶厂的总工程师，当他听说当地另一家橡胶厂最近多了两条流水线，专门用来生产某种极其畅销的乳胶手套的消息的时候，很想去一探究竟。因为本厂也在计划上几条同样的流水线，彼特对此套设备的机械、技术等问题越来越感兴趣。他准备一番后，亲自拜访了那家橡胶厂的厂长。

　　厂长在自己的办公室里接待了他，两人交谈的过程中，彼特夸夸其谈，将厂长夸成了"天上有、地上无"的全能型人物，从外表仪态到工作能力各方面都夸了个遍。谁知道厂长并不领情，态度反而越来越冷淡。最后，厂长忍无可忍，向他下了逐客令。彼特不愿空跑一趟，支支吾吾地说明了来意，厂长却冷漠地说："对不起，我们花了大价钱才买到了这套设备的制作图纸，是不会轻易向外人透露的。"

彼特灰溜溜地回去了，他翻来覆去地想了好几天才意识到自己的问题：他混淆了"奉承"与"赞美"的概念，那些奉承话太过急功近利，难怪会引起对方的反感。想通了后，他再次拜访了那位厂长，真诚说道："您是TQC（全面质量管理）管理上的专家，更是我专业上的前辈，我早就想向您请教一些专业上的问题了，可惜一直没找到机会。"

厂长有点惊讶，态度也温和了起来："我离专家还远得很哪，不过多点实战经验罢了……"

两人就TQC管理详细地讨论了起来，他们越谈越投机，不自觉地便谈到了新设备的某些技术问题，就这样，彼特得到了很多有用的信息，厂长对他的印象也越来越好。

区别二，赞美基于事实，奉承可能凭空捏造。

赞美者在夸赞别人的时候，其实是很有分寸的。他们心里清楚，自己针对的是对方值得赞美的优点，而不是对方那些不符合自身价值观的做法和明显的缺点。赞美者一向实事求是，有理有据，他们嘴里的那些溢美之词往往符合事实，绝不会夸张到哪里去。他们不会评价某个人"非常完美、没有缺点"，也不会用一些绝对的字眼去形容对方。

奉承者通常无事生非，绞尽脑汁只为处心积虑达到自己的目的。他们擅长厚着脸皮将黑的说成白的，将死的说成活的，混淆视线、指鹿为马不在话下，只为博得别人的欢心。他们闭着眼睛将对方一顿夸，哪怕夸的全是缺点也在所不惜。他们在用夸张的言语为对方"抬轿"的时候，心里想的却是，"现在将你抬一抬，日后就将你摔下来"。他们经常在人前夸赞着对方，一转身却又说起了对方的坏话，到处散播对方的谣言。

赞美其实是一种美德，我们出于真诚的目的去赞美别人，如果说它也是一种投资，那么这种投资绝对是良性的。通过赞美，我们可以建立良好的人际关系，变成一个受欢迎的人。而奉承却是一种恶性投资，收获的只能是表面上的称兄道弟，却建立不起真正深厚的关系。

弄清楚赞美与奉承的区别后，我们便可以采取更明智的态度和更适当的方式去赞美别人。我们要发自真心地把他人的优点当作自己效仿的榜样，学会更自然、更真诚地表达自己的善意。赞扬只分事实，不分对象，哪怕对方是你讨厌的人，你也可以针对其优点进行赞扬。习惯真诚地赞扬别人，摆脱虚伪的奉承，你会变得更受欢迎。

第5章 察言观色，善于用肢体语言

根据说话特点判断对方的个性

在社交中，我们往往会遇到职业、年龄、脾气秉性、性格、爱好各不相同的人，想要打开不同人的话匣子，增进相互之间的了解，与他们建立起亲密的沟通、联系，首先需要尝试着了解对方的性格，再根据其性格特色，来选择不同的说话策略。

那么，如何了解一个陌生人的性格特色呢？事实上，如果你是一个善于察言观色的人，那么你在一开始与对方进行寒暄或短暂交流的时候，就能够判断出对方大概拥有着怎样的性格。内向的人往往目光羞涩，身形拘谨，浑身都透出一点不自在的感觉；外向的人或许会主动和你打招呼，满脸洋溢着阳光的笑容；严肃的人往往不苟言笑，和你一板一眼地打招呼、握手；活泼的人却没大没小，早已和你开起了玩笑；《红楼梦》中写凤姐刚开场的时候，"丹唇未启笑先闻"，拉着林黛玉的手还没说上几句，一个言谈爽利、八面玲珑的"凤辣子"的形象便活脱脱地出现在读者们的面前。

　　杰克是一名警察，他是个很细心的人，极其善于察言观色，摸透对方的心理和性格。在与人打交道的时候，杰克将这一优势发挥到了极致。有一天杰克上班的时候发现警察局围满了人，原来几个女人因为一点鸡毛蒜皮的事情闹到了这里，其间还在喋喋不休地吵闹着，很快便引得一大堆人围了上来看热闹。

　　警察们拿这群女人很头疼，不知道怎么办才好。杰克偷偷躲在一边，仔细观察后发现，这几个女人打扮入时，十分注意形象，纵使争吵厮打的时候也会注意保护好发型和妆容。他断定，这几个女人都比较爱慕虚荣，于是高声说道："请问哪一位女士年龄最大？年龄最大的女士先来说说情况。"这些女人们一听，立马闭嘴不言，警察局里终于安静了下来。

　　还有一次，杰克正在抓捕一名罪犯，当他在街上侦查的时候，发现一位女士急匆匆地走在一条小道上，右手拎着一个大大的手提箱。他观察了一会儿，觉得不对劲儿，便拦下了她。一盘问，对方竟是罪犯。警长好奇地问他："那个人男扮女装，你究竟是怎么认出来的？"杰克耸耸肩："很简单，你看'她'走过时装店、美容院和商场的时候都没朝里看一眼，一定有问题。"

　　若将杰克的经验运用到人际交往上，我们定会收获良多。想要做个社交达人，你就要加强训练自己察言观色的能力，善于根据对方的说话特点去判断对方的个性。如果一个人喜好谈论自己，喜欢抢着表达自己对于某件事情的观点和看法，这样的人性格大多偏外向，感情浓烈爱憎分明，具有较为浓厚的主观意识，很喜欢表现自己，当然，有时候可能会比较偏执和虚荣。

明确了对方的性格后，你在与其谈话的时候就可以采取请教的态度，一切话题都围绕着对方展开，"恭"其所需，用高明的赞美巧妙地"诱引"他滔滔不绝地说下去，他对你的印象自然也会越来越好。

如果一个人肢体动作比较简洁，眼神锐利，说话简短一针见血，这样的人往往性格比较直接，阅历丰富公私分明。面对这样性格的人，你肯定不能在他面前耍心眼绕弯子，尤其忌讳那些蹩脚的"拍马屁"行为，你只需要保持足够的尊敬和礼貌，简短地向他表明你的意思即可。

我们要善于从对方的只言片语中挖掘其性格特色，再根据其个性来进行下一步的谈话。如果他说话亲切、喜欢唠家常，就同他说点家长里短，浅近的话；如果他说话"虚无缥缈"，张嘴就是萨特、雪莱、黑格尔，那就陪他聊聊文学和哲学；如果他性子急躁，那就同他开门见山，有啥说啥；如果他性格委婉，那就多用言外之意来"点拨"他。面对不同性格的人，要运用不同的说话方式。

圣人孔子有弟子三千余人，其中贤人七十二者。孔子最著名的教学方式之一就是因材施教，根据弟子的不同性格来为他答疑解惑。有一次，孔子弟子仲由问孔子道："一件事情，若听到了，就可以去做吗？"孔子干脆地回答道："不能。"

另一个弟子冉求问了孔子同样的问题，孔子却微笑着说："那当然，去做吧！"

公西华对此事很不解，就问孔子说："您的两位弟子问了相同的问题，您却给予了相反的回答，这实在是让我迷惑极了，特地来请教您。"

当时孔子是这么回答的："求也退，故进之；由也兼人，故退之。"意思是说，冉求平时为人做事比较怯懦，一有困难便容易退缩，所以我鼓励他去做；仲由性格好胜勇猛，胆大却鲁莽，所以我及时劝阻他，是想让他三思后行事。

圣人孔子为学生解答问题时因人而异，因材施教，他为了确保让学生们都能听得进去自己的教诲，特别注意学生们不同的性格特征。我们在与人交流说话的时候，也要注意这一点，先通过对方说话的特点来判断其个性，再根据其个性设计一套说话策略。

读懂谈话者的肢体语言

著名心理学家弗洛伊德说："一个能用眼睛去看，能用耳朵去听的人，从来不信这个世界上存在着能够保守秘密始终如一的人。如果他的嘴没有出声，他也一定在跟自己的手指尖交谈。"

陌生人们在开口说话之前，往往下意识地打量对方，而这个彼此之间的打量就让双方有了初步的交流。无论你信不信，你的身体、你的外在肢体动作，无时无刻不在传达着你内心深处的观点与立场。事实上，对于谈话双方交流的实质性内容来说，只有不到30%的内容是通过语言获得的，其余的70%却是通过这种非口头交流获得。

而一个人想要将信息完整传达给外界，只会运用到7%的语言和33%的声音语调，剩下的55%却要通过面部表情、眼神或其他肢体动作语言来传达。可见，肢体语言要比我们想象的重要得多。

更何况，在实际生活中，语言的表达不一定会是百分之百的准确，那些逻辑混乱、词不达意的现象更是层出不穷。有时候，人与人之间的沟通又存在着语言不通的障碍。有时候，对方并不愿意在语言中显露出自己的真实意图。无论我们遇到的是哪种情况，都可以运用观察对方肢体语言的方式来获得自己想要的信息。

你也可以运用合适的肢体语言来表达某些信息，但千万不要用错肢体语言，尤其是在重要的场合中，愈发要小心谨慎，否则就会造成难以挽回的影响。

　　20世纪50年代，尼克松在成为美国总统之前，曾访遍拉美诸国。他原本想通过这一场场访问来让美国与拉美国家之间的关系更加紧密，却因一个不当的手势，差点将双方的关系推向不可挽回的地步。那一次，尼克松缓缓走出机舱，发现下方围满了当地官员和人民，他们在寒风中早已等候多时。尼克松为了表示友好，对着人群对了一个"OK"的手势。谁知道他刚做完这个手势，底下的人群便骚动起来，很多人情绪激愤地骂着什么，现场嘘声一片。

　　尼克松一愣，不知道发生了什么事情。原来，美国与拉美地区的人民在肢体语言的运用上有着巨大的差异。美国人的"OK"手势有着积极友善的含义，在拉美国家人民的眼中，这个手势却有着强烈的侮辱意味。尼克松一不留情就陷入了尴尬两难的境地，可见运用肢体语言前，一定要认清场合，区别不同的文化背景，确认无误后再使用。

肢体语言，又称为身体语言。运用肢体语言来交流，指的是通过头、眼、颈、手等人体部位的各种协调活动，代替语言来传达人物的思想感情，借以达到沟通的目的。在演员的必修课中，肢体语言是一项重要的课程。好的演员没有台词，用精练独到的肢体语言同样可以征服观众。难怪有人戏称说，戏好的演员就连胡子眉毛都会演戏。

　　想要读懂谈话者的肢体语言，你在谈话的过程中就要保持足够的专注和耐心，这样便不会错过对方的一举一动，或者任何细微的面部表情。为了了解那些细微表情、肢体动作究竟意味着什么，你可以阅读一些相关的心理书籍，并在平时的实践中多注意思考、积累和应用，久而久之，你也会变成一个阅历丰富、眼光"毒辣"的人。

如果你的交谈对象正好是顶头上司，只要读懂了他微妙的身体语言，你分分钟便能从职场小白变成"经验大神"。

当上司一边说话一边将身体向前倾斜，语速直线减慢，双眼正专注地看着坐在对面的你的时候，不要发愣，那是对方正在用身体语言提醒你："我的发言即将告一段落，该你表明立场了。"你可以在上司作结束语之前，迅速组织好语言，准备发言。

当上司两手指尖互碰，形成尖塔状，支着下巴的时候，说明此时的他内心充满了笃定。有身体语言研究者发现，很多老板在与员工们进行私人谈话的时候，习惯运用尖塔状的手势，这表明了他们自信的态度。

如果你的交谈对象是一个有可能发展成恋人的朋友，只要读懂了他的肢体语言，你便好似拿到了一本写满了潜台词的幕后剧本，瞬间就可以知道他到底是否喜欢你。

如果在交谈的过程中对方总是双手抱胸、背靠椅背，随时保持一种拘谨、戒备、躲避的状态，那么他一定没有与你继续交往的兴趣；如果你们保持站立的姿势交谈，你可以瞄瞄对方的双脚，如果对方一脚朝向你，一脚朝向门，说明他正处于随时要离开的状态；如果他全程保持着兴致勃勃的状态，无论你说什么话题都表示兴趣浓厚的样子，对你的想法多表示赞同与赞赏，且专注地注视着你，他一定会继续与你约会下去。

提问之前，要做到心里要有底

在人与人交流的过程中，一旦言辞上遇到阻碍，或者氛围上出现冷场，便可以运用精妙的提问来打破这些障碍，让交流顺畅地进行下去。作家萨姆·基恩说："对人类生活影响最大的，莫过于我们提出的各种问题了。"说话是一门艺术，提问更是其中最值得学习的技巧。提问之前，你心里一定要有底。

下面我们来对比一下蠢问题与好问题之间的区别，你就会明白提问之前心里有底的重要性。

蠢问题："老师，我想去考研靠不靠谱？"

好问题："老师，我是新闻采编专业现读大三的学生，虽然我的学习成绩不错，可实际上我对这个专业一直提不起兴趣，因此我想通过考研的机会进一步深造，请问我这个想法靠谱吗？"

只要我们稍加分析，就可以分辨清楚什么是蠢问题，什么是好问题。蠢问题听起来没头没尾，让人无从回答，提问的人往往兴之所至脱口而出，并没有经过大脑的思考；好问题听起来翔实清晰，让人很有回答的欲望，提问的人在问之前一定经过了深深的思虑。

提问之前，如果你做不到心里有底，便很容易问出一个蠢问题，不仅起不到问询的效果，还可能引起别人的反感。想要提高问题的回复率，想要通过问题来达到你的目的，在提问之前，你一定得做到心里有底。

要知道，很多时候，提问的机会并不是那么容易得来的。如果你次次都不经大脑地去提问题，很容易给对方留下一个蠢印象，你便是在浪费你的提问机会。而在某些特殊的场合里，你问对了，可能会起到"起死回生"的效果；你问错了，连自己的性命也可能丢了。

传说齐景公的时候，有一个人因一时失言，惹得众人勃然大怒，齐景公也气得够呛，怒气冲冲地命侍者砍下这个人的四肢，高声喊道："为这个人求情的人，同样犯了死罪，同样会被处死！"众人冷静了下来，见那人痛哭求饶的样子又觉不忍，却无人敢上前求情。

晏子迅速组织语言，略加思考后，抢先侍者一步，狠狠抓住那人头发，右手持着尖刀，一字一句问齐景公："这人得罪了大王，自该碎尸万段。只是小人不明白，自古以来英明的君王，实施砍人四肢的这种酷刑的时候，究竟是从手开始砍的呢，还是从脚开始？"

这个问题叫齐景公出了一身冷汗，他猛地意识到了自己的命令有多残忍，立刻摆摆手道："放了他吧，这是我的过错。"

提问题前的那股"底气"到底指的是什么呢?

一、了解提问对象的相关信息，包括身份地位、性格脾气等，清楚双方的身份定位，在这个基础上去思考提问的内容、提问的方式。不管是上司与下属、老师与学生、教练与学员，你所问的问题内容以及措辞语气、表达态度等都要围绕着互相的身份来进行提问。

上例中的晏子，之所以胆敢贸然提问，是因为他对齐景公的性格实在是太了解了，他知道怎样问才能起到最好的效果，他在问之前心里是有底的。

二、别忙着提问，先尝试着自己去寻找答案。提问之前，即使不知道答案，也可以通过各种方式去查阅相关资料，加深对问题的理解程度，整理一些自己的态度和观点。

三、思考自己所问的问题是否合理、是否逻辑清晰、是否带有明确的指向性，不要不经思考就毫无头绪地问。

孙中山幼年时期在一家私塾读书，先生每天都会教他们一篇新文章。上课的时候，先生在讲台上念一句，学生跟着念一句，师生们摇头晃脑、翻来覆去地念文章，直到熟得不能再熟的时候，先生便会让学生一个个站起来背诵课文。但是关于那些课文的思想和立意，先生从没有向学生们解释过一句。

幼小的孙中山很不理解先生的做法，他觉得连文义都不明白就这样稀里糊涂地背诵，哪怕记得再熟也没用。他思考良久，壮着胆子问先生道："先生，我想问您刚刚那段课文里到底说了些什么？"

学生们都停止了朗诵，目瞪口呆地看着孙中山，偌大的课堂霎时变得鸦雀无声。

先生提着戒尺，走到孙中山面前，阴着脸问道："这篇课文会背了吗？"

孙中山老实回答道："已经会背了。"说着，他便抑扬顿挫地背诵了起来，流畅而又熟练。一字不落地背完后，孙中山又问道："先生，请问这段课文是什么意思？我实在是不懂。"

先生面色缓和了下来，温声道："我原本想着，书读百遍其义自见，况且，等你们长大了自然会明白其中的含义。既然你们现在就想知道，我便给你们讲讲吧。"

他摆摆手，让孙中山坐了下来，随后便详细地解释了起来。

案例中的孙中山，在提问之前，心里一定是有底气的，他考虑到了先生的反应，因此做了充足的准备，完全记住了课文后再发问，让先生无法拒绝。他提问的时候目标明确，并没有因为先生的气势而遗忘最初的目的。他对先生的性格了解得很清楚，知道先生肯定会答应他的请求，这才大着胆子提出这个问题。最后，这股底气也终于让他如愿以偿。

理清思路，想好提问的步骤

迈克·华莱士是美国 CBS 电视台著名的访谈节目《60 分钟》的创办人和主持人，堪称美国电视界"教父"级人物。他曾采访过无数政界名流、商界精英以及娱乐圈大腕，主持风格辛辣、采访态度强硬，是电视史上给观众留下最深印象的主持人之一。

迈克·华莱士在提问的时候总能够保持一贯清晰的思路，提出的问题也总是深刻而犀利，是观众心中最"不按常理"出牌的主持人。他在采访活动之前总会先理清思路，对提问的步骤做完整归纳和梳理，并详细列好问题的提纲，着重标出核心问题。

针对不同的采访对象，迈克·华莱士所提问的重点也会有所不同。他主持、采访的整个流程紧凑顺畅，逻辑分明。有时候，他也会有意放缓节奏，用问题埋下一个个"坑"，在循序渐进的过程中突然给对方一个措不及防的"突袭"，让对方只能说出实话。这一切都有赖于他在采访之前的诸多准备工作。

很多采访机会都是十分珍贵的，是好不容易争取来的。迈克·华莱士为了在有限的采访时间里挖掘出最多的信息，他更会百分之百地投入采访之前的准备工作中去，一条条慎重想好提问的步骤，将它记在笔记本上，拓印在脑海里。所以，他才能完成那一场场精彩无比的采访。

提问之前，一定要保证清晰的思路，提前设计好提问的步骤，想清楚去问何人，怎么去问，先问什么，后问什么。如果我们在向别人提问的时候，支支吾吾、颠三倒四、前言不搭后语，你叫别人怎样去回答你？又怎能不引起别人的反感？

当我们向别人提问的时候，思路清不清晰，有没有提前做过准备，对方一定是心知肚明的。在日常生活中，一些刚入职场的"小麻雀"们总是叽叽喳喳，似乎有一肚子的问题要问，但他们的热情总会被一盆盆冷水轻易浇灭。面对"小麻雀"们抛过来的问题，前辈们总是会面无表情地"反扣"回去，根本不理这一茬。

是前辈们太过冷漠了吗？事实上，职场如战场，如果你没有掌握好询问的技巧，肯定会"吃瘪"。职场新人们的问题大多笼统空泛，糟点重重，让人懒得去回答；有的人的问题简单幼稚令人生气；有的人连最基本的概念都没有弄清楚却故作高深地问一些表面"艰深"、实则"谬之千里"令人哭笑不得的问题；有的人东一榔头、西一棒槌地瞎问，根本没有逻辑，这才会被前辈们毫不留情地拒之门外。

如果这些刚入职场的新人们懂得在提问之前，简单梳理一下思路，想好提问的步骤，再逐条列好问题提纲，吃透自己的每一个问题再去询问，那些前辈们未必会那么不近人情，毕竟人人都是从那个时期走过来的，多少会有一点同情心。

轻率的提问只会得到轻率的回答。还记得那个问出"何不食肉糜"这种荒唐问题的晋惠帝吗？只因这么一个愚蠢的问题，他被世人嘲笑了千年。事实上，有历史学家考证说，晋惠帝双商正常，能书会画，情感充沛，若不是那个荒唐愚蠢的问题，他也不会留给世人这样一个难堪的"白痴"形象。

珍惜每一次提问的机会，因为这是你打开社交、获取别人好感与信任的好机会；这是你丰富自己、增长知识和见识的好机会；这同样是你能彰显自己独特个性、绽放自我光芒的好机会。你要理清思路，想好提问的步骤。

首先，提问之前，你需要考虑，如何去打破僵局，使提问顺利进行。你可以用一句善意的问候、轻松的调侃来开头，营造出一片融洽、温馨的气氛，让对方放下戒心，对你敞开心扉，愉快地展开交流。

其次，在提问的一开始，简单说明意图。你的态度要直白明确，不要含含糊糊，若你提问题的目的在于请教经验和技巧，就更要运用逻辑清晰、语言流畅的话语来阐明意图。当然，在提问之前，你得将这一切都考虑清楚，精心设计好问题的形式。

你还得考虑到提问过程中的各种突发情况，积极想好对策，并一条条罗列入计划表中。比如说，如果对方的回答你并不满意，你该如何继续深入地问下去？如果对方回避问题，或者掉过头来向你提出了疑问，你该如何面对、解决？考虑到各种情况，积极思考对策，你在真正提问的过程中才不会手忙脚乱。

随时保持清晰的思路和准确的判断力，想好提问的每一个步骤，我们才能进行一场有效提问。不要随意对待你的提问机会，不要仓促"上场"、脑袋空空地面对。每一次提问之前，都要花点功夫去做准备，理清思路，想好步骤是必不可少的。

问题越具体，越能激起对方的回答欲望

有一年，央视著名主持人敬一丹受邀到河北石家庄去参

加一场签名售书活动，现场气氛十分热烈，观众们不时爆发出热烈的掌声。到了最后的记者提问环节，有一名记者好不容易"逮"着了一个提问的机会，忙不迭地站起身来，一口气问了两个问题："请问您是怎样看待中国目前的新闻舆论的监督作用呢？您又是怎么处理生活与事业之间的关系的呢？"

敬一丹握着话筒，沉思片刻后，坦诚地说："对不起，您的问题范围太大了，恐怕我一时回答不了。"良机稍纵即逝，眼见着同行们争先恐后地问起了其他的问题，那名记者怅然坐下，若有所思。旁边一个前辈笑呵呵地对他说道："小伙子，你太没有经验了，时间这么紧迫，你的提问机会有限，你该问些具体的问题才是啊！"

哲学上说："具体问题具体分析"，体现在人际交谈的过程中，它指的是，如果想要获得一个明确性的回答，你就要尽量去问一些具体的问题。你问得越细致、越具体，你能够得到的有效信息就越多，这场沟通也就越深入。

你若浮于表面，问得空洞无趣，自然也就会得到一个泛泛无聊的答案，闹得双方都很扫兴。上例中的记者提出的那两个问题，诚如敬一丹所说，范围实在是太广了，都够开一场座谈会即兴聊几个小时了，两三句话又怎能说清楚。本着新闻人敬业谨慎的态度，敬一丹拒绝了回答。

人际交往中，我们也经常会犯这样的错误。台湾著名主持人蔡康永在《说话之道》中提到，一些问题貌似安全友善，实则笼统模糊，需要人搜肠刮肚、大费脑筋地去做一番整理的工作。如果你所提问的对象恰好很不擅长或者是很不喜欢这个过程，他一定会立刻失去和你交谈下去的兴趣。

问题最好要具体，要有明确的对象，要有栩栩如生的细节，要有血有肉，才丰满才有温度才有人情味，对方也好回答。问题千万不能大而无当，空洞程式，范围广阔得无边无际。有一个知名的音乐家曾被当众问道："什么是摇滚乐呢？"只听那名音乐家淡定答道："您可以去书店买一本《欧美流行音乐指南》，仔细翻阅，它会告诉你答案。"

如果你问的问题需要对方用一整本书的信息量来回答你，还不如将问题切割成数个具体的小问题再去询问。有经验的新闻记者在采访中总会用一些具体的问题去引出更大更深入的内容，有经验的主持人们也十分擅长运用一个个细致入微的问题来拼凑出自己想要的信息。你的问题越具体，就越有利于对方回答，你也就能获得更加真实生动的细节。

比尔·罗斯曾在麦肯锡学习工作过很长一段时间，他深受麦肯锡管理理念的影响，执着地认为，只有细致具体的问题才能获得有效答案，而用字笼统、含义模糊、范围宽广的问题却很容易遭到别人的拒绝，这会使沟通越发无效。后来，比尔·罗斯任职于另一家国际著名的企业，他经常作为谈判代表出席商务谈判，经验越来越丰富。商务谈判的前一天，双方通常会举行一个小型聚会，这为双方提供了交流认识的机会。

谈判双方在这场聚会中，有时候会发现对手的队伍里有自己熟悉的人，为了探听信息，他们互相寒暄一番。有一次，比尔·罗斯带着助理参加这种聚会的时候，助理突然指着对方队伍里的一个年轻人告诉他，那是他之前认识的朋友。比尔·罗斯朝助理笑了笑，对他说："还等什么？去问问他可能知道的相关信息吧。"

助理点点头，走向对方队伍，拍拍朋友的肩膀，与他亲切地交谈起来。比尔·罗斯站在不远处观察着，他发现，助理脸上的笑容似乎很尴尬，心里判断助理并没有得到什么有效的消息。果然，不一会儿，助理无功而返，对比尔·罗斯失望地说："我什么也没问出来。他只说了'很复杂'这三个字后，再也没有透露更加有价值的信息。"

比尔·罗斯想了想，问道："你能将你的问题复述一遍吗？"

助理老老实实地复述了一遍，比尔·罗斯摇摇头，无奈地笑起来："你的问题太笼统了，对方肯定不会直接回答你。你得问得细致一点、具体一点。你问他'你们团队是如何做决策的'，不如问他'你们这边是用全体投票的方式做决策的吗'。你比较一下这两个问题之间的区别，就知道你该如何去提问了！"

切记，一定要问具体的问题，这样别人才会乐于回答你。在向别人提问之前，先拿你的问题问问自己，看看它是否合理。如果你自己都回答不了自己的问题，脑中一点方向都没有，就不要贸然提问。将一个个范围广阔的问题修剪成一个个具体细致的问题，再去问，结果一定会好得多。

手舞足蹈地聊天，恰当地运用身体语言

一个受人欢迎的人，通常都拥有"机智幽默、开朗豁达、平易近人"等优点，当然用人的性格来衡量一个人的欢迎程度会显得比较抽象，那么是否还包括其他具体的标准？

答案不言而喻，一个出手阔绰的人会受人欢迎；一个拥有宽宏气度的人会受人欢迎；一个长袖善舞、谈笑风生的人会受人欢迎；一个拥有"身

体自由度"的人同样受人欢迎。

何为"身体自由度"？身体是有表情的，一个人想要树立自我形象、彰显个人魅力，或者显示身份、地位，除了要依靠衣着、服饰外，最重要的是运用言辞和肢体动作来进行。换句话说，借助"身体自由度"，恰当运用身体语言，你便可以进一步完善个人符号，变得越来越受欢迎。

在公众场合，一个人受欢迎的程度和"身体自由度"是成正比的。试想，如果一个人说话的时候只有嘴巴在动，并无其他的辅助动作，他只会给人留下僵硬严肃的印象。如果你脸上的表情随着你话语中的内容随时转换着喜怒哀乐，再加上一些活泼自然的肢体动作，你在人们的眼里的形象会更加生动、更加富有人情味。

想要受人欢迎，"举手投足"都是学问。一般来说，"身体自由度"高的公众人物，在公众场合会更容易吸引媒体人和观众们的目光。这是因为，他们将热情与活力赋予举手投足间，任何时候都能够让现场的人感到放松自在。

美国前总统奥巴马的演讲具有极其强大的"魔力"，一位在现场听过奥巴马演讲的人说："这真是个聪明的家伙，从他的肢体语言就可以看出来，这大概就是他当初能够笼络到如此多的选民的原因。"

有一次，奥巴马在美国的科罗拉多州举办了一场演讲，让观众们激动的是，从入场开始，奥巴马一直保持着小跳步的姿态，像个年轻人一样充满了拼劲儿，这让他看起来活力十足。等到了演讲台上，人们的注意力便被他的手指牢牢吸引。

每当他说到"改变"这个词的时候，他总是会伸出食指，卷曲着指向人群，同时那微微向内的指尖却又面向自己；他在挥舞手臂的时候，要不摊开手掌，要不手指微拢，有力、威严，却又削弱了这个动作中的"侵略性"意味，充满了让人信任的力量。

在人际交往中，身体语言比你想象的要重要得多，恰当运用身体语言，尝试着去"手舞足蹈"地聊天，你会收获更多的有效沟通。那么，有哪些代表性的身体语言能够帮助我们去打破沟通僵局，赢取他人好感呢？

特殊的身体语言之一：手势。手的动作对说话的效果会产生很大的影响，运用得体、潇洒的手势，会大大增加你话语中的吸引力，和你个人独特的魅力。同时，"手势"还具有一些具体的作用。

有的人运用"手势"来找准沟通的切入点；有的人会用"手势"来"造势"壮胆，消除内心的紧张；有的人会用"手势"来更好地反映话语中的内容；有的人运用"手势"是为了表示强调，加强说话的力量；还有的人运用"手势"是为了掩盖话语中的一些误区。

特殊的身体语言之二：拥抱。一个善意的拥抱能够为他人带来浓浓的爱心和暖意。日本有一个心理学家，他有着特殊的治疗方法。面对那些心灵遭受创伤的孩子，他总会给予孩子们一个大大的拥抱，这让他们倍感安慰。在人际交谈的过程中，适时的拥抱会让对方特别有安全感。朋友伤心的时候，给他一个温暖的拥抱，可以鼓励他坚强地走下去；亲人失意的时候，一个满含爱意的拥抱会让他颇为欣慰，就此生起无穷的动力。对于陌生人来说，一个拥抱也可以软化彼此的疏离和戒备，让双方变得更亲切起来。必要的时候，不要吝啬你的拥抱，让它变成你人际交往中的有力武器。

大侦探福尔摩斯对他的同伴华生说："你看到了，你只是没注意而已。"对于生活中的很多人来说，他们太容易忽略一些显而易见的事实，尤其是人们的身体语言。一个人的手脚动作，可能将他此刻的心情显露无遗，但很少有人注意到这点。在人际交往的过程中，你不仅要认真聆听对方的话语，更要重视对方的身体语言。

你要意识到，对方的任何一个行为举止可能都有着特殊的目的。明白了这点后，你也可以在与人交谈的过程中熟练地运用你的身体语言来彰显你的善意和真诚，用"手舞足蹈"来让你的话语更生动、更有趣。

表情会说话，用面部表情引导对方说话

每个人都拥有面部表情，我们脸上的每个细胞，每条血管神经，乃至每个细微的皱纹都在抒发着某种深藏内心的情绪、感情、意愿或倾向。在交谈的过程中，我们甚至不用开口，只要运用合理的面部表情，就能够引导对方去说话。

面部表情丰富多彩，相对于语言和其他肢体动作来说，面部表情是另一种直观深刻、入木三分的表达方式。古人早就认识到了面部表情在沟通交流中的重要作用，所以他们说"眉目传情""只可意会不可言传"。

法国作家罗曼·罗兰说："面部表情是多少世纪培养成功的语言，比从嘴里说出的话语复杂千倍。"古希腊最伟大的演说家德摩斯梯尼说："对于一个成功的演讲家来说，最重要的才能是'表情'。"看来，表情不只会说话，它甚至拥有更卓绝、更强大的力量。

面部表情有哪些？它由丰富、敏感的面部肌肉以及眼神、眉毛、鼻子、嘴唇等组成，人脸上的每一处细微的抖动、变化都代表了内心情绪的某种变化，不单单是简单的喜怒哀乐，还包括期待、敬佩、忧虑、厌恶、疑惑、满足等更复杂的情绪。

同样的一句话配合着不同的表情说出来也会给人留下不同的印象，

表达的也几乎是不同的意思。如果你微笑着说"你可真笨"，传达给对方的有可能是亲昵、嗔怪，甚至还带着一股亲切。但若你咬牙切齿、满脸不耐烦地说"你可真笨"，却会让对方感到一股浓浓的敌对和蔑视。可见，表情果真会说话。

　　小袁性格内向，为人拘谨，今年刚刚毕业的他在求职的时候却屡屡碰壁。眼见着室友们纷纷踏入了人生的新旅程，他却蔫头耷脑地闲在家里，整日闷闷不乐。家人心里着急，一个个为他分析起了原因，有的说小袁性格太木讷，不会说好话奉承人，有的说小袁没有眼力劲儿，从来不主动去和别人打招呼……

　　小袁听了家人的分析，也痛定思痛，发誓一定要改变自己。不久后，表哥给他介绍了一份新工作，他好好准备了一番，便去参加了面试。小袁努力平稳了心绪，有条不紊地回答着面试官们提出的问题，言辞中时时不忘溢美，处处带着恭维。小袁态度真诚，虽然有些许紧张，但总算对答如流，他心里很有些得意，觉得自己终于攻破了心理障碍，战胜了自己。

　　他偷偷瞥了一眼面试官的表情，却发现他们的脸上写满了漠视，小袁心里慌了起来。其中一位女HR淡淡地对他说："袁先生，您的具体情况我们充分了解了，请您稍后等候通知。"小袁一颗心沉到了谷底，他结结巴巴地答道："好的，谢谢，谢谢……"便失魂落魄地走向门外。那位女HR突然叫住了他："袁先生，耽搁您两分钟，我想给您提个意见，您的表情太严肃、太僵硬了，您能不能试着多去笑一笑呢？"

　　小袁愣了愣。

　　那位女HR的脸上突然绽放出一个温暖的笑容："袁先生，

你刚毕业，可能还不太了解这个社会的规则，但是请记住，很多时候表情要比言语有力量得多。尝试着多笑一笑，便会让人倍感亲切。"

人的面部表情可以传达出各种各样的情感。好的电影演员不用说话，哪怕一个微笑一个眼神也可充分地反映出角色的内心世界。在与人谈话的过程中，无论你的真实心情是什么，都要保持着微笑，眼神要专注真诚，态度要亲切自然，才能让对方有如沐春风之感。如果你僵硬紧张，便会"连累"对方也不自在起来，这只会导致对方倾诉的欲望全无，谈话也只能草草收场。

你完全可以用表情来引导对方说话。如果你一脸惊喜、期待，对于对方来说也是一种鼓励；如果你满眼疑惑不解，也会激起对方为你解疑答惑的欲望。相反，如果你不管听到什么，都是一副漠然的样子，对方就是有一肚子话，也会生生咽下肚去。用表情去展示你的兴趣，展示你对对方的尊重，是一种聪明的做法。

宇佳小学时候的玩伴要来家里做客，她一早起来就开始准备。她先去菜市场买来新鲜食材，一边烹煮食物，一边打扫屋子，忙得团团转。等她将屋里收拾一新，又做了一大桌子菜之后，已经变得疲惫不堪。还没来得及休息，门铃响了，宇佳满脸倦容地去开门。好友一看到宇佳便给了她一个大大的拥抱，拉着她的手亲热地说起这些年的经历。宇佳前晚因为工作的事情熬到很晚，今天又累了一上午，早已耗尽了精力，她有气无力地应付着好友的话，眼睛里写满了疲惫。好友看到宇佳疲累的样子还以为她情绪不佳，顿时失了兴趣，草草吃完饭后便找了个借口离开了。

想要赢得别人的好感，就得时刻注意管理好自己的表情。事实上，在谈话开始之前，最先引起对方注意的，是我们的表情。亲切自然、面带笑意的表情让他人对我们的第一印象尤其深刻，它更为彼此之间的谈话奠定了良好的氛围。如果你脸上的表情生硬、疏远，无论你口中的话多精彩、多好听，也会引起别人的反感。

良好的沟通礼仪很重要

我们每天都要和各种各样的人打交道，你的仪态是否优雅，言行是否得体，着装是否合乎礼仪，决定了你在人际交往中的地位的高低。而在社交礼仪中，沟通礼仪构建了人与人之间交往的桥梁。初次见面的陌生人，该如何介绍自己？如何给别人留下良好深刻的印象？饭局中如何用言语体现你的礼仪修养？这一切都有赖于沟通礼仪。

语言是人们思想交流的渠道，它在人际交往中占据着无比重要的地位。语言随着场合的转换、对象的不同会传达出多样的信息与感情。我们有必要去了解、掌握沟通礼仪的各项原则和要点，这对我们的人生会起到莫大的帮助。

前文反复强调，交际场合中，一定要说好第一句话。尤其是第一次见面的人，你根本来不及去琢磨对方的性格、嗜好与品性就要与其展开交流。合乎礼仪的做法是：彬彬有礼地介绍自己，然后用友善提问的方式进行试探，收集信息，在此基础上捕捉话题，投入角色，促成一场有效沟通。

说话的过程中要保持自信，热情洋溢而又友善真诚。很多人太过注重自己的表现，生怕给别人留下一个不好的印象，结果因为太紧张反而大失水准。你应将目光放在对方身上，全身心地投入到谈话中去。你得提醒自己做个忠实的听众，注意体察对方的情绪，不要轻易插话，时刻表现出自己对对方的尊重。

想要参与旁人的谈话，应礼貌地打招呼并表示歉意。如果中途需要中断谈话，耐心地向对方解释清楚原因，得到对方的谅解后再离开。看到别人正在进行私下交谈，不要大大咧咧地凑上去旁听，这会给人留下一个没有教养的印象。注重沟通礼仪，时刻谨记在心，才会成为人群中最受欢迎的人。

沟通礼仪中存在着一些必须要遵守的原则，下面我们拿出几条简单介绍一下。

一、谈话时要注意语气、音调与音量。

谈话的过程中要选择恰当的语气、音调和音量。比如说，在陈述意见、抒发立场的时候，可保持真诚中肯的语气，匀速阐述，为了加强效果，也可提高音量，改变语速。想要插科打诨、抖包袱说段子，则是另外一副光景。你可以故意使用一些夸张的语气来营造氛围，吸引听众的注意力。

二、交谈时称呼要恰当。

交谈的过程中，一定要注意称呼，它是你有教养的体现。尊重性的、切乎礼仪的称呼让你显得得体礼貌，落落大方。称呼一要注意合乎常规；二要入乡随俗。它包括生活中的称呼、工作场合中的称呼、外交辞令上的称呼等，随着场合和对象的不同，我们要随时转化自己称呼。千万不可弄错称呼，亦不可直呼人家的外号，这会让你显得很没有礼貌。

三、保持距离，给予双方空间。

美国西北大学人类学教授爱德华博士在他的《人体近身学》中曾提

到沟通距离的四个界限：亲朋、爱人之间的亲密距离；握手、交谈时的个人距离；适用于陌生人、领导与下属间、重要谈判时候的社交距离；作报告、演讲时候的公众距离。在各种社交场合中，都有着其适用的距离，离得太近显得没有礼貌，离得太远又略带生硬。掌握好距离的远近，是沟通礼仪的重要内容。

四、态度温和，及时肯定、褒扬对方，慎用打击、批评性的言语。

你的态度要温和大方，言谈举止要恰当得体。交谈的过程中发现双方的共同点的时候，要不遗余力地给予肯定、褒扬，这会让你的交谈对象越发地享受谈话，也会让整个交谈气氛越发活跃、积极起来，更会拉近你们双方的距离。如果对方某一观点不符合你的预期，不要毫无顾忌地去反驳、批评，你的口气越严厉，就越会让他反感。

武峰第一次见女友父母的时候，心里十分紧张。当他怀着忐忑的心情走进女友家门的时候，女友父亲正坐在沙发上看电视，母亲忙着招呼他们进来。武峰鼓足了勇气同女友父母打了个招呼，便默默地坐在沙发的角落里，女友父亲打量了他一眼，同他聊起天来。武峰表现得很拘谨，要不简单答几句，要不频频点头。女友父亲半开玩笑地说道："你干吗坐那么远？我又不是老虎。你说话的声音跟蚊子哼哼似的，肯定是早上没吃饭，太饿了。"

一听这话，武峰的脸瞬间变得通红。女友悄悄地跟他说，让他自然一点，不要太紧张。吃饭的时候，武峰一直想弥补刚才的表现，在女友父母说话的时候频频插话，试图表现自己，谁知道用力过猛，二老的脸色逐渐变得难看起来。女友踢踢武峰的脚，神色愠怒，武峰一脸惶恐，赶紧闭上了嘴。这顿饭吃得没滋没味，送走武峰后，父亲将女友臭骂了一顿，说这样的人以后别带回来了，一点沟通礼仪都不懂，太上不了台面。

当然，沟通的过程中亦存在着诸多的禁忌，每个人都要谨记沟通礼仪的原则和要点，千万不要做出那些违反沟通礼仪的事情来。不要在公共场合高声谈笑，夸夸其谈，这显得你粗鲁而浅薄；交谈的过程中不要涉及对方一无所知的领域，一旦对方表现出不感兴趣的模样，就要及时转换话题；避免谈及他人的隐私，若言语中不小心谈到让对方不愉快的话题，应及时道歉；不要冷嘲热讽、指桑骂槐，不要恶言相向、恶语伤人，更不要说脏话；重要谈话前不要吃葱蒜等气味浓重的食物，以免造成尴尬。

第6章　掌握说话的分寸，深谙中庸平和之道

一样话要百样说，辨别不同类型的聊天对象

　　如果你的交谈对象是一位德高望重的教授，你肯定不能用说教的口气去和对方说话；如果你的闲聊对象是一位长辈，哪怕相互之间的关系再亲密，你也不敢轻易冒出脏话。如果你正搂着女朋友谈心，你肯定不会一板一眼，反而甜言蜜语；如果你正跟好哥们儿胡说瞎侃，你一定口头禅乱飞，口气轻松而俏皮。

　　一样话要百样说，你需要根据不同的聊天对象去选择话题，说话的口气和态度，表达的方式和技巧。见到不同的人要说不同的话，哪怕是同样的主题。同样是赞美外貌，当你赞美的对象是一位身材苗条皮肤暗黄的女士的时候，你的溢美之词要围绕着她的身材来进行；如果你赞美的对象是一位皮肤白嫩却矮胖粗壮的女士的时候，情况刚刚相反。

　　所谓"射箭要看靶子，弹琴要看听众"，所谓"见人说人话，见鬼说鬼话"，这是一种必须要掌握的说话技巧。有的人担心运用这种技巧去和不同的人交谈的时候会被人认为太过轻佻油滑，其实大可不必有这种想

法。因为这恰恰是你情商高、愿意尊重他人的表现，人们只会更加喜欢你，而不会因此反感你、排斥你。

人际交往中，我们想要与不同的人建立起良好的社交关系，就必须学会运用不同的说话方式去和他们进行交流，这不是两面三刀，而是长袖善舞。这也能充分证明了你杰出的社交能力，这点反而会成为众人羡慕的优势。

公认的谈话高手，说出的话语必能让人如沐春风，不管他们面对的是哪种身份的人，都能够说得对方眉开眼笑，心服口服。纵使是批评和拒绝，谈话高手们也能用一种让人由衷接受的方式委婉说出，结果也往往是百发百中，无往不利。

你在生活中所遇见的每一个人，都有着不同的身份、地位、教育背景、生平经历或者是性格爱好，可以说，每个人都有他爱听的话和不爱听的话，每个人也都有着他专属的脾气，如果你不管面对什么样的人，都说同样的话，不知不觉中得罪了很多人还不自知的话，你的人生肯定不会走得太顺利。

事实上，哪怕是同一个人，在不同的情境下，可能也有着不同的心情和想法。所谓"时易世变"，很多事情都在悄悄发生着改变，人也不例外。因此你要在生活中处处留心，与人交流的时候注意察言观色，不要带着刻板印象去和对方聊天，否则一定会受到对方的嫌弃。

《红楼梦》是一本旷世奇书，王熙凤则是弓中的典型人物，她可以说是大观园中最会说话的人，"连十个会说话的男子都比不过"。有人背后讽刺她为"嘴甜心苦，两面三刀"，有人明褒暗贬地说她是"水晶心肝玻璃人"，不管怎样都无法否认她的八面玲珑，她的长袖善舞。她极为爽利的言辞和善于察言观色、见风使舵的优势为她带来了太多的好处，也为她赢得了贾母和王夫人的绝对信任。

面对不同的人，王熙凤各有一套说话策略。贾母好热闹，性格随和说话风趣，她便时常运用幽默娇嗔的言语去讨好、逗乐，并因此成为贾母心尖上的人；王夫人面慈心狠，骨子里刻板庄严，是贾府的实际当家人，她话语中便处处含着尊敬，陪着小心，丝毫不敢懈怠，因此成为王夫人管理贾府的得力助手；邢夫人性格迂腐，不大待见她，她表面上曲意逢迎，实际上见招拆招，话说得很得体，邢夫人纵然不喜欢她，却也拿她无可奈何。

凤姐和大观园中的小姐们说话的时候，风趣幽默，表现得亲和力十足，让人不自觉地生出好感；当她的说话对象变成下人的时候，口气中严苛又威严，恐吓威胁无所不用其极。但在与平辈人相处之时，她的态度也有着截然不同的表现。面对秦可卿，她积极地表现出欣赏的态度，将对方引为知己；面对宁国府里的尤氏，她又刻薄泼辣，一定要在口头上挤对对方。

有一个大家都耳熟能详的成语叫作"对牛弹琴"，其实讽刺的就是说话不看对象的人。你话说得再好听，面对的是不合适的人，对方也感受不到你的好意。与此同时，只要你的话稍有一点不对劲，得罪对方事小，引来麻烦事大。你要是对一个目不识丁的老大爷谈文学谈理想，他能理解你的话吗？你要是称呼一个十七八岁还未出嫁的姑娘为"大嫂"，对方能给你好脸色看？你要鉴别不同的聊天对象，再去说话，不然只能贻笑大方。

圣人孔子曾带着学生去游学，路上经过一个小村庄，孔子乘坐的马匹挣脱缰绳，奔到农夫的地里狂嚼麦苗，农夫一生气，扣住了孔子的马死活不还。孔子无法，只好派弟子去说理，子贡自告奋勇，上前企图说服农夫。他滔滔不绝说了一通大道理，满口之乎者也，反而引来对方的讥笑。子贡没办法，只好垂头丧气地回到孔子身边。

一位新学生见状，便请示孔子让他试试，孔子点头同意，只见那学生与农夫并排蹲在一起，像唠家常一样对他说："你不在东海种田，我也不在西海耕地，我们离得太近了，乡里乡亲的，我的马今天吃了你的庄稼，你的牛说不定明天就会闯到我的地里，免不得的嘛，我们应该互相谅解。"

农夫一听，觉得很有道理，便将马还给了孔子，并对那个学生称赞道："还是你会说话，中听！"

是子贡不会说话吗？当然不是，子贡出了名的能言善辩，只是他忽略了说话的对象，才闹出了笑话。我们这一生中注定会遇到各种各样的人，想要同他们搞好关系，就要全面了解其个性，根据不同的场合、对象来展开不同形式的对话。只有这样，我们才能和任何人都聊出好心情。

少说"我以为"，你以为的事也不都对

近日，著名讲师于博士受某公司邀请，于该公司文化楼开办了一场以"职场要勇于担责"为主题的讲座。于博士的授课幽默风趣，说理清晰，内容翔实丰富，同时有着很强的实用性，深受大家的欢迎。小王是该公司的一名普通员工，他说，于博

士一段讲课内容给他留下了很深的印象，让他深受触动。

当时，于博士是这样说的："职场人永远不要说'我以为'，如果你错了，请直接认错，再积极想办法补救，而不要用'我以为'来搪塞推卸。该你承担的责任不会因为你的'我以为'而减少一分一毫，只有勇敢地承认错误，才能让人感受到你的诚意。"

说着，于博士又举了个例子，某次演讲前一个小时，他的助手突然发现自己将一份重要资料落在了家里，而这份资料在于博士一小时后的演讲中将发挥着重要的作用。面对于博士的责问，助手讷讷地说："我以为……"于博士当时火气很大，直接说："你以为什么？你应该想办法补救，而不是找借口推卸责任！"见助手再不敢作声，于博士将车钥匙塞到了助理的手里，让他尽快赶回家拿资料。幸亏助理住得不是很远，在开场前十分钟，他终于顺利取来了资料，于博士的演讲也顺利进行。

说到这里，于博士顿了顿，继续说道："在职场中，想要给人留下靠谱的印象，尽量少说'我以为'，你以为的事情就一定对吗？你以为的事情能挽回你的过失吗？"台下掌声雷动。

工作中如此，日常生活中也该如此，你应该将"我以为"这三个字从自己的"字典"中去掉。正如于博士所说，你以为的事情也不一定都是对的，哪怕你真的一肚子委屈，也不要轻易说"我以为"，这只会成为你不愿承担责任的表现。

可是，以"我以为"开头的句式几乎成了一些人的口头禅，他们喜欢在发表观点、阐述立场的时候加上这三个字，满脸真诚和正义。当他们在说"我以为"的时候，总会带着一股咄咄逼人的气势，这股气势让对方不由自主地产生退却、抗拒的心理。

诚然，沟通中要保持真诚与直接，但"我以为"的态度几乎和"简单粗暴"画上了等号。"我以为"这类字眼的个人色彩太过浓重，它确实是不容易击溃的坚硬盔甲，但也将你成功地与对方隔绝开来。沟通不仅仅是思想与思想之间的激烈碰撞，更是两种认知的交汇融合；你的目的不是为了吵赢对方，而是为了拉近两颗原本疏远的心。

中国人向来推崇中庸之道，它教导我们，在谈话中要尽量秉持中庸平和的态度。谈话中要先保持中立，后静观其变；要谨慎谈观点，避免说是非。哪怕真有自己的一套见解，说的时候也要讲究策略，或者你可以先同意对方的某些观点，再来细细说明自己的见解，这样会更容易被对方接受。

如果你的肚子里有什么就往外倒什么，喋喋不休地说着"我以为""我认为"，是很容易被"打脸"的，毕竟，你以为的也不一定都对。

网络上有一篇"红文"叫作《那些年，那些我以为的事》，点击率和转载量非常高。文章中写道："就在几年前，我还觉得自己什么都对，绝不肯承认自己的世界简单苍白，绝不肯承认那只是段幼稚可笑的轻狂岁月……"作者抒发着感慨，说年轻人总有诸多的借口，总会用"我以为"来捍卫自己"不容侵犯"的尊严，可是要不了几年就会明白，那些"我以为"的事情，与真实的世界几乎南辕北辙，根本谈不上正确。

不要常常说"我以为"，这让你显得偏激，显得毫无担当。喜欢说"我以为"的你，总是习惯用一套自己的是非观去判断世事，去评价是非黑白。如果你不能学会抛弃你的"我以为"，你就无法从中立、客观的角度出发，去观察、去看待身边的一切。

在谈话的时候，尽量不说"我以为"，一来是为了摘掉"有色眼镜"，即你内心的那套是非标准；二来这也是谈话的一种技巧，若想赢取沟通对象的好感，你就不能简单直白地将你心里的那些"你以为"的观点倾吐得干干净净，韬光养晦、多点城府对你而言不是坏事。

"我以为"表明的是主观的想法或看法。实际上，万事万物都不会因为你的想法或看法进行改变，所以，收起你的那套理想主义。同时，"我以为"几乎等同于"不停辩解"，这是一种错上加错的行为。抛弃这套辩解口头语，少说"我以为"，努力去解决问题，你获得的进步将是难以想象的。

君子慎言，药不可以乱吃，话也不能乱说

明代著名学者洪应明在《菜根谭》中说："十语九中未必称奇，一语不中愆尤并集：十谋九成未必成功。一谋不成则訾议丛兴。君子所以宁默勿躁，宁拙勿巧。"

意思是说，哪怕你十句话说对了九句，也不一定会得到别人的赞赏，但你只要说错了一句，必然会遭受流言的诋毁。即使你的谋略成功了九次，也不一定会得到奖赏，但只要有一次不成功，谴责和非议就会纷沓而至。有德有智之君子必是不骄不躁，沉默寡言，宁可守拙，不可露巧。

古训说："君子慎言，祸从口出。"做人一定要谨言慎行，话不能乱说，这是说话之道，也是为人之道。只因言语稍有不慎，祸端便会找上门来。在现实生活中，面对不同的环境、场合、谈话对象，都要言语得体、中肯，言不及私，一方面是为了凸显修养、少生事端，另一方面是为了提升对事物的分析判断能力。

喜形于色、溢于言表的人，通常很情绪化，肚子里藏不住事情；大智若愚、谨言慎行的人却是胸有全局，心有城府，后者的人生必然要比前者精彩、顺利得多。没有一帆风顺的人生，风雨雷电、坎坷泥泞都是在所难免的。不管遇到什么事情，哪怕受尽不公平的待遇，也不要满腹牢骚，怨声连连，更不要冲动行事。如果你只图一时嘴快，而不考虑后果和影响，必然会吃大亏。

贺若弼是隋朝名将，他的父亲贺若敦亦是南北朝北周时候的大将，父子二人，骁勇善战，半辈子都在驰骋沙场，让敌人闻风丧胆。但只因一时口快，这对父子名将却落了分外凄惨的境地。贺若敦曾经立下赫赫战功，原本以为加官晋爵不在话下，没想到因被小人诬陷，反而被连降几级，期待中的荣耀和封赏一夜成空。

贺若敦咽不下这口气，当着使者的面破口大骂。这件事情落到北周权臣宇文护的耳朵里后，更成了他对付贺若敦的把柄。宇文护立马调回贺若敦，逼迫其自杀明志。贺若敦临死之前拿锥子狠狠刺破儿子贺若弼的舌头，沉痛留下遗言"吾以舌死，汝不可不思"后便撒手人寰。他是想以疼痛和鲜血来教诲儿子，千万不要走上自己的老路。结果事与愿违，贺若弼不但继承了父亲在战场上的天赋，还有着和父亲一模一样的脾气。

隋朝时，贺若弼成了灭陈大将，立下赫赫战功，只是因着平日里的言行不慎，隋文帝杨坚对他颇为不满。贺若弼满腹怨言，认为自己战功卓绝不该屈居将军之位，这些气话传到了杨坚的耳朵里，杨坚勃然大怒，派人将贺若弼关入狱中大大责备了一番。此事平息后，贺若弼丝毫没有收敛，多次公开为失宠太子杨勇打抱不平。杨坚忍无可忍，在朝廷上斥责贺若弼大放厌词，将其贬为庶民。虽然一年后又将他恢复爵位，但并不重用。

后杨广篡位，为隋炀帝。贺若弼四处非议隋炀帝奢侈浪费，被隋炀帝所杀。

所谓"谦受益，满招损"，做人不能太过张扬，说话更不能口无遮拦。如果鲁莽行事不计后果，心直口快随心所欲，受伤害的只能是自己。哪怕你遇到的是不平之事，那也是人之常情。不要为了个人利益去和别人争辩不休，这样除了为你的形象抹黑之外，根本无济于事。如果嗓门大就有理，那么统一世界的就是驴子了。

你要知道言多必失，几句牢骚和抱怨并不能为你解决实际问题，反而会给你招惹麻烦。如果没有考虑清楚，千万不能口不择言。俗话说："静坐常思自己过，闲谈莫论他人非。"损人不利己的事和话不能做也不能说，牢骚酸话，刻薄怪话，沾沾自喜、不切实际的话更不能说。言多惹祸，只有谨言慎行才是君子所为。

从对方得意的事说起，让对方产生满足感

美国教育学家卡耐基曾经说过这样一段话："在去钓鱼的时候，你会选择什么当鱼饵？即使你自己喜欢吃起司，但将起司放在渔竿前端也钓不起半条鱼。所以，即使你很不情愿，也不得不用鱼喜欢吃的东西来做鱼饵。"我们在和人说话的时候也是如此。不管你有多么独到的见解，或是口才如何好，如果你讲的不是对方感兴趣的话题，你说再多也是白费

力气。

当我们在和别人说话的时候，情况也是如此，不管你多么乐意去抒发自己，对于自己的见解和口才多么自信，你的话语也不会引起对方一丝一毫的触动和好感，对方甚至会因为你陶醉的态度而厌恶你。说话要讲究分寸，如果你讲的不是对方感兴趣的问题，你说得再多也不过是在做无用功而已。

只有从对方得意的话题说起，让对方产生满足感，你的话才有效果，你本人也会给对方留下深刻的印象，你在有求于人的时候，才不会受到拒绝。

爱德华·查利弗先生一度生活困窘，偏偏那段时间他急需筹集一笔经费去赞助一名童军参加欧洲童军大会，他在好友的介绍下，认识了一位大人物，对方是美国著名的商业巨头，十分热衷于慈善活动，爱德华·查利弗很希望得到这位大人物的帮助，便与对方约定了时间，去拜访他的办公室。

在爱德华拜访这位大人物之前，对大人物生平十分了解的好友偷偷告诉他，这位大人物曾经开过一张大额支票，据说面额达到了惊人的100万美元，但不知为什么，这张支票后来作废了，被大人物珍重地装裱了起来挂在墙上。

爱德华将这件事情记在了心里，当他来到大人物的办公室后，第一时间注意到了墙上的支票。他与对方简短寒暄后，便饶有兴趣地提起："我曾听别人说起，您以前开过一张面额100万美元的支票，请问是墙上那张吗？您之所以把它当作一幅画一样挂在墙上，一定有着很特殊的理由。我对它背后的传奇故事实在是很好奇！"

那位大人物脸上挂满了笑容："很多人都曾来过我的办公室，

但提起这张支票的只有你一个人，它背后确实有一段曲折的故事。"

提起这张支票，原本不苟言笑的大人物瞬间变得亲和了起来，他滔滔不绝地讲着有关这张支票的来龙去脉，越说越兴奋，爱德华也听得津津有味，不时催着对方说下去。等到支票的故事讲完后，两人还意犹未尽地聊起了其他话题。过了好长时间，大人物突然问道："聊得这么开心，都忘了你今天拜访的目的。"

爱德华抓住时机，将自己的诉求一股脑儿地提出，刚说完，大人物便干脆地答应了他的请求，还爽快地说："我可以资助至少五个童军去欧洲参加童军大会，他们的所有开销都算在我的头上，另外，我还可以为你亲笔写一封推荐函，要求欧洲分公司那边的经理为童军们提前打点好一切。"

爱德华简直高兴坏了，他一再地向大人物表示感谢，终于满载而归。

在每个人的记忆中，不免都有一段令自己自豪不已的经历，这件事情对你当然没有什么意义，但对他本人而言，却是一件值得珍藏心中直到永远的事情。你若能将对方的得意之处打听清楚，在与他交谈的时候说起这件事情，一定能够挑起他倾诉的欲望。他说得开心，自然对你也会留下深刻的好印象。

爱因斯坦提出了一个适用于诸多领域的"万能成功公式"：勤奋＋方法＝成功。将其应用到社交上，则会变成：态度＋方法＝成功。态度很重要，真诚、友善的态度会让你给别人留下良好的第一印象；方式也很重要，如果能够掌握以对方得意之事作为诱饵建立交流最佳途径的方式，将它发挥在交际上，你会获得很多好处。

　　小贺是某家电脑公司的销售人员，他去拜访某位客户的时候，发现客户的办公桌上摆着几本诗集。他加了该客户的朋友圈，发现这位老总骨子里是位"文艺老青年"，隔三岔五就要在朋友圈里发表一篇散文体感悟或诗歌，他心里暗暗有了主意。接下来的谈话中，小贺绝口不提自己公司的电脑，只和客户谈莎翁谈雪莱谈海子，还一再夸奖他文笔好。

　　"王总，您写在朋友圈里的文章我都细细读过，写得太好了，真想不到您还有一颗敏感而文艺的心！"

　　"哪里，哪里。"王总听到小贺这样说，脸上是止不住的笑意，嘴上却很谦虚，"你过奖了！我的文笔一般。"

　　"听说您曾经出版了一本诗集？"小贺"一脸好奇"地问道，这事儿他曾听别人说话。

　　提起那本诗集，王总两眼放光，他从办公桌后的书柜里拿出那本诗集，递给小贺，笑着说："写得很稚嫩，可惜当时水平就那么多。"

　　小贺夸奖起王总的遣词造句来，说他的长短诗都颇有艺术审美。两人围绕着这本诗集足足谈了两个多小时。后来，王总主动提起了合作的事情，很愉快地和小贺签订了合同。

　　古人有句话叫作"话不投机半句多"，想要避免这种情况，不妨试着去抓对方的兴趣点，只要挑起了对方的兴趣，你们自然会越谈越亲密，越聊越开心。从对方得意之事聊起，亦是一种尊重他人的表现，做到了这一点，你自然能和对方愉快相处。

别诡辩，承认错误问题就解决了一半

一次座谈会上，有位高中生问讲师："如今的社会太复杂了，似乎一不小心就会得罪别人，这个问题应该怎么解决呢？"

讲台上的教授想了一会儿，笃定道："不要狡辩，承认错误，及时道歉。"那位高中生认认真真地将教授说的话记在了笔记本的第一页，若有所思。

随着社会节奏的加快，人心也变得越来越浮躁，无穷无尽的压力使人们越发冲动、易怒起来。流逝的岁月告诉我们，关键时刻，永远不要失去低头认错的勇气，这种态度无疑会使我们的人际关系更加坚固，亦会使我们的人生更加顺遂。

有一本书叫作《最重要的几个字》，书中说，"我承认我错了"便是人生中最重要的六个字。与人沟通交流的过程中，如果被人指出了错误，与其诡辩，不如大方地承认错误，这样的你坦荡真诚，更招人喜欢。

莎士比亚曾在《李尔王》中写道："为失败找借口，最后只会使伤口越撕越深。"试想一下，你最生气、最愤怒的时候，最希望听到的是什么？是对方的百般推诿，还是对方的真诚认错？答案不言而喻。想要解决问题，就不要诡辩，不要急着去找借口，老老实实，低头认错，及时道歉。

2009 年，台湾遭遇"莫拉克"风灾，民众损失惨重，伤亡人数众多。领导人马英九在灾区接受海外媒体的采访时，轻率地说："这个地区灾情从没有这么严重过，民众没有做好充足的准备。如果做好准备，民众就会及早撤离，可是他们死守家园，你看看，他们没有理解到这次风灾有多严重。"

马英九的话招来了铺天盖地的批评和谩骂，主流媒体更是以"无耻""推诿责任"等字眼来形容他，一时间，这场越闹越厉害的危机让马英九头疼不已。后来，他再次前往灾区视察的时候，绝口不提之前的话，只一再鞠躬道歉，自悔防灾、救灾不力，这才渐渐平息了民众们的怒火。如果他那时候坚决不认错，反而为自己辩解不休，这事儿便没那么容易化解。

如果在生活中遭遇责难与谩骂，不要与其争论不休，更不要找各种各样的借口去为自己辩解，你越是抱怨、生气，对方就越会吵得厉害。只要不涉及实质性的损害，不如老老实实低头认错，诚恳道歉，这看起来是"息事宁人"的委屈做法，实际上却会为你赢得人心。

不要怕认错后对方会得寸进尺，这是个人情社会，大家都是聪明人，你既然给足了对方面子，对方自会展现风度。你敬人一尺，人也自会敬你一丈。何况老话还说过"伸手不打笑脸人"，试想，如果你因为某件事情同别人争论不休，对方突然向你承认错误，向你鞠躬道歉，你还好意思再穷追猛打下去吗？

如果那种给"台阶"却不下的人真的存在，舆论肯定不会偏向他。不管对方责怪你的话有没有道理，只要不涉及原则，不妨及时认错，只要你承认错误问题就解决了一半。等到大家都心平气和后，再慢慢阐述你的立场和理由，这样更容易得到大家的认同。

相反，如果你一味诡辩，只会激起对方的好胜心，使局面越来越难以收拾。

千禧年来临前的除夕，俄罗斯总统叶利钦突然决定辞职，这个重磅炸弹般的消息让全世界的人民都大吃一惊。叶利钦并没有为自己辩解，而是选择了向民众真诚道歉，他说："我为大家那些未能实现的梦想恳求原谅；我为未能透彻了解大家的心愿而恳求原谅；我更加要为未能把国家带领进一个富足、文明的社会而恳求原谅。"

面对这份真诚的道歉，民众很快就原谅了叶利钦，并对他的做法表示了理解。

如果将别人对我们的看法和印象看作我们持有的股票，他人的抱怨与责怪让这只股票正急速贬值，如果我们及时认错、道歉，相当于将这只烂股第一时间抛出，虽然难免有损耗，却也是及时止损的行为，总体上看还是受益的。但是，如果你将这只股票牢牢抓在手中，想通过诡辩等方式让这只股票摆脱颓势，一路高涨，那几乎是不可能的事。

美国有位参议员曾说："道歉好过不道歉，而早道歉又好过迟道歉。"在和别人交流沟通的过程中，如果对方用严厉的语言指出了你的过失和错误，哪怕他的反应在你看来太过矫情、太过小题大做，哪怕他的言语在你看来太过严重、太过尖酸刻薄，哪怕你觉得再委屈，最好第一时间认错。

不要辩解、不要找借口，你为自己辩解得越多，矛盾也就越来越深。你若不避不让，对方自然不甘示弱，到最后，便是一场两败俱伤。聪明人轻易不为自己辩解，他将诚意融入了切切实实的行动中，所以他成了人群中最受欢迎的那个人。

投其所好，搭建一座心灵的"桥梁"

主持人蔡康永曾说："我不在乎说话之术，而是说话之道；我的说话之道，就是把你放在心上。"他提倡，说话要"投其所好"，适当的虚伪、适当的阿谀奉承在某些时刻会为你们彼此搭建起一座心灵的桥梁。如果你过于刚正，听不得一点假话，从不顾虑他人的感受，那你的生活中肯定充满了不欢而散。

《锵锵三人行》的主持人窦文涛深谙"投其所好"的技巧，多年来深受观众喜爱。有一次，央视主持人阿忆曾问窦文涛："以前的男主持一定要西装革履，打好领带，规矩上场，你却穿着马甲就跑上台，这是谁给你出的主意？"

窦文涛笑了，解释说，曾经有一个年轻的香港服装师建议他主持节目的时候穿得时尚、新潮一点，特意给他设计了一身穿马甲打领结的装扮。后来，一位老观众来信说，窦文涛打领结像极了小日本的翻译官，会激起民族仇。窦文涛将观众的意见记在了心里，取下了领结，穿着宽敞的马甲继续主持起了《锵锵三人行》。

这么多年来，窦文涛不仅在服装上、舞台的背景上投观众所好，在节目的内容选择上，也很重视观众的看法。他精心揣摩观众的心理，对话题的选择极其挑剔，力保节目好看。

2016 年，窦文涛又开始了自己的新节目《圆桌派》，从片头的剪辑到片尾的音乐，从节目的内容、形式到内景的选择、布置，无不体现出了他独特的审美。作为文化名嘴，他牢牢把握住了观众的心理，节目中邀请的都是各界文化名人，每期话题无不紧扣时下热点，顿时掀起了一股收视热潮。

想要"投其所好"，想要拉近两颗原本疏远、陌生的心，也并不是一件很容易的事情。换言之，想要获得大家的喜爱，想要赢取别人的好感与信任，真的很难。经验丰富的主持人，自然是深谙"投其所好"的技巧，哪怕隔着荧幕，他们也能准确地抓住观众的心理，做出观众乐于追捧的爆款节目。而作为普通人的我们，想要搭建好一座座"心灵桥梁"，也要努力去弄清楚对方的观点和立场，聪明地去"投其所好"。

想要与他人建立深厚的交情，首先得抛却我们骨子里的傲慢与偏见，真诚地敞开心扉，用行动告诉对方自己将一直与他站在同一战线，这样才能让对方慢慢放下戒备，对我们袒露心声。

想要投其所好，你得学会说对方爱听的话。在初步了解了对方的性格、喜好后，再尝试着去换位思考，为你赢取好人缘。我们小时候都在课本上学习过狐狸和乌鸦的故事，狐狸之所以能够骗到乌鸦嘴里的肉，是因为它出众的口才技巧。狐狸说话的时候总会摸透乌鸦的心理，准确投其所好，让乌鸦逐渐放松了对它的警惕，最终失去了嘴里珍贵的肥肉。

与人交流沟通的过程中，一定要懂得投其所好，如果你的言语能够打动对方，对方对你的认可度就会直线飙升。有的人说话的时候"逢人减岁""遇物加钱"，哄得每个和他接触过的人都很开心，这就是因为他深谙投其所好的技巧。

魏国强当初创业的时候，遇到的困难数不胜数。那时候的私营企业是很受鄙视的，他这个民营企业的小老板更是寸步难行。公司的各种批文迟迟下不来，经营也一直无法走上正轨。魏国强曾为批文的事情多次拜访国土局的郑局长，对方却一直对他表现得很冷淡。魏国强思虑良久，决定要运用"投其所好"的方式去赢得郑局长的信任。

郑局长为官清廉，对一切娱乐活动都不感兴趣。魏国强研究了很长时间，才发现，这个郑局长为人清高，挺有风骨，想要同他攀交情，以物收买不如以情动人。得知郑局长不久后将迎来五十岁的生日，魏国强精心准备了一份大礼。等到那一天，郑局长突然收到了一份用古朴盒子装着的礼物，他拆开礼盒，发现里面是一份泛黄的报纸。郑局长小心翼翼地捧着那份报纸，看了看日期才发现那居然是自己出生那一日的报纸，不由得又激动又新奇……

第二天，魏国强出现在了郑局长的办公室，对方不停地向他表示着谢意。魏国强注意到，办公室的墙上挂着一幅合影，画面中的人物是郑局长和某文化名人余先生。他们开心地笑着，看起来关系很亲密。魏国强又发现了一个"投其所好"的话题，他激动地说道："这不是余先生吗？我一直很喜欢余先生写的文章。听说您和余先生关系很要好，这是怎么回事呢？"

郑局长笑呵呵地说道："我本人很喜欢文学，当年余先生还是文坛上的新人的时候我们就是很要好的朋友……"

两人就着这个话题愉快地聊起天来，气氛融洽极了。靠着"投其所好"，郑局长对魏国强的印象好极了，两人还成了无话不谈的好朋友。

懂得投其所好的人，一定是生活中的有心人。只要找准了人们的"软肋"，特意去投其所好恭其所需，每个人都可以变得受欢迎起来。

多说我们少说我，别以自我为中心

团队合作的时候，职场前辈们传授给小白们的经验里永远有这么一条：不要说"我是第一"，而要说"我们是第一"；不要说"我付出了多少努力"，而要说"我们并肩作战，一起走到如今"。无论你的付出有多少，功劳有多大，也不能将荣誉独揽于一身，因为，你始终是团体的一分子。

这个道理同样适用于人际沟通，两个人的谈话永远也不会变成一个人的独角戏。你与你的谈话对象是一个密不可分的整体，无论你的个性有多突出，你的观点有多鲜明，你有多么想抒发自己，也不要老是强调"我"。多说"我们"少说"我"，你才不会引起对方的反感，谈话才能顺利进行。

生活中总有那么一些人，习惯将"我"字挂在口边。他们总是以自我为中心，做什么事情都会围绕着自己的利益来进行。也许他们自己都没有意识到，他们是那样的自私，总是希望别人为他做出牺牲。有些人向来有着一套"双重标准"，享受权利的时候强调自己是集体的一分子，需要尽义务的时候却枉顾集体利益。要是别人对他多要求一点就倍感委屈，觉得吃了大亏。

你仔细注意以下这些人平时的口头禅，大多都是"我如何如何"，却很少说"我们该怎样怎样"。这样的人打心眼里觉得"人不为己天诛地灭"，还自以为这一套天经地义无可指摘。也许这个社会真的很功利，但是请相信，你越是在意自己的利益，就越不容易出头。

每个人都希望被重视、被关注，这是人之常情。但是情商高的人却懂得抑制这样的欲望，他们将更多的目光放在别人身上，他们总会及时去维护他人的自尊心，积极汲取他人身上的养分。久而久之，他们就变得越来越强大、越来越优秀。而将所有的注意力都放在自己身上的人却越来越自恋，越来越缺乏自信。

想要给别人留下好感，就要少说"我"，多说"我们"。

扬子上大学后总是独来独往，班上没有一个和他玩得来的同学，一个宿舍的室友们也总是若有若无地疏远他。这学期学校给大二的学生们安排了一场心理测试，扬子得分很低，被学校外聘的心理辅导师叫到了办公室。

经过一系列询问，扬子终于打开了心扉，他滔滔不绝地说着自己的烦恼与孤独、抑郁与愤怒。心理辅导师敏锐地发现，扬子是典型的"自我型人格"，他尝试着向扬子提出自己的看法，扬子的反应却很激烈，他认为心理辅导师的判断与自己的实际心理根本不符合，执拗地相信着自己的判断。

心理辅导师安慰着扬子，轻言细语道："扬子，你没发现你话语中的'我'出现的频率实在是很高吗？你有多久没说'我们'了？你太敏感、太偏执，所以身边的人才会不自觉地疏远你。因为你永远只关注你自己啊。你得多去考虑一下他人的想法，把自己融入集体中去……"

扬子沉默不语。心理辅导师为他制订了一系列的心理疏导计划，在他的努力下，扬子一步步走出了阴霾，他终于告别了过去那个过分关注自己的敏感小孩……

美国福特汽车公司的创建者亨利·福特曾说："一个独占'我'字，

整天将'我'挂在嘴边的人，毫无疑问，他将成为一个不受欢迎的人。"你说了太多的"我"，会给人一种炫耀自我、标榜自我的印象。这个"我"字让你与他人之间筑起了一道高墙，将你与身边的人牢牢隔绝开来。少说"我"，多说"我们"，有利于增加别人对你的认同，激起他人的情感共鸣。

　　十月革命胜利的初期，大批农民们聚集在沙皇曾经的宫殿前，哄闹着要烧毁那富丽堂皇的一切。革命工作者们对农民说了很多道理，却没有起到丝毫的效果。再多的语言都浇灭不了农民眼中的刻骨仇恨。最后，列宁亲自出马，向农民们做起了说服的工作。他说："当然可以将沙皇住过的宫殿烧掉。但是在那之前，大家可以先来思考几个问题。"

　　列宁问道："这些宫殿是谁建造的？"农民们异口同声道："是我们！"列宁循循善诱道："我们自己建造的房子，万恶的沙皇当然不能再住，让我们自己的代表去住好不好？"农民们齐声叫好。列宁又问道："那么大家说说看，这些宫殿要不要烧掉呢？"大多数的农民们都觉得不该烧掉，列宁成功地说服了他们。

　　记者们在采访中经常会说："咱们厂这次的联谊该怎么办啊……""咱们村出了多少大学生啊……"有的人去面试的时候也会反复强调："咱们公司……""咱们董事长……"老师们在上课的时候总会下意识地说"大家一起来看看下一题……""我们昨天学的课文……"这些"我们""咱们"之所以被频繁运用，是因为它可以迅速拉近你与对方的距离，充分激发起对方的参与意识，让对方对你好感倍增。

　　所以说，少说"我"，多说"我们"，是有着积极的现实意义的。

少说多做，讷于言而敏于行

百度创始人李彦宏是少说多做的典型。创业之初，资金成了李彦宏创业团队的难题。通过不断努力，李彦宏很快找到了愿意出资 120 万美元的投资人。投资人不懂技术，对市场走向却极为敏感，他们向李彦宏抛出了一个问题："Robin，你把这搜索引擎做出来需要花多长时间？"

李彦宏思索良久，说："大概六个月。"投资人觉得时间拖得太长，心里颇有顾虑，向李彦宏承诺说，如果能加快进度，他们愿意多出一点资金。李彦宏犹豫了一会儿，还是坚持了自己的判断。他笑着说："120 万美元，6 个月的时间，我们一定能搞定项目。"而后，他再没有多说什么，只是带领着团队一头扎进了工作中。李彦宏的务实态度让投资人大为赞赏，最后，他只用了 4 个月便完成了整个项目，将百度成功推入了市场。

2009 年，李彦宏决定全面切换凤巢系统。这项决定让所有人大吃一惊，反对、质疑之声如潮水般涌来，李彦宏顶住了压力，只说："谢谢你们将所有风险告诉我，让我更有信心作这个决定，我只有一句话留给你们，成功了，你们是功臣；失败了，我来担责任。"他发誓，要用行动来证明这个决定的正确性。事实证明，凤巢之后获得了巨大的成功，百度 CFO 的邮箱也挤满了祝贺信。这一路走来，无论处于何等境地，李彦宏从不多说什么，他只会埋头苦干，用行动让人刮目相看。

少说多做，才是最有力的践行。圣人孔子说："君子欲讷于言而敏于行。"朱熹这样作注道："事难行，故要敏；言易出，故要谨。"孔子和朱熹无非是想告诉我们，说话要谨慎，行动要敏捷，与其向人夸下海口却无法实现，不如用行动代替言语，努力去践行。

在人际交往的过程中，想要给别人留下靠谱的印象，就要"言之有道，行之有规"。千万不要做"语言上的巨人，行动的矮子"，做什么事情都"雷声大，雨点小"，没做之前豪言壮语，之后要不推三阻四、要不拖拖拉拉，一再透支别人的信任。

闻一多先生曾说："人家说了再做，我是做了再说；人家说了也不一定做，我是做了也不一定说。"凭着这样的精神，闻一多先生成就了自己的事业，更成为后人拥戴的对象。古人说"行百里者半九十"，不管是生活中还是工作中，你都要秉行低调做人高调做事的原则，少吹嘘自己多埋头行动，这样才能真正做出一番事业。

少说，并不是要让我们做个"没嘴的葫芦"，做个闷声闷气的哑巴，这只是在告诫我们，在任何场合都不可胡说、乱说，要说就说我们该说的话，恰如其分地去说话。尤其是在职场中，如果我们不确定自己要说的话是否对自己有利，那就不如闭口不言。踏踏实实，少说多做，会为你赢得很多印象分。

曾经有一位科学家针对某公司的保险业务员做过这样的研究：他将销售业绩排在前十的业务员同排在后十的业务员做了一下对比，发现他们业绩差距实在是天差地别。同等的训练下为什么会产生这么大的差异呢？这个问题引起了科学家的深思。他通过继续研究发现，业绩排在后十的那批业务员每次推销时的平均说话时间高达30分钟；而业绩排在前十的那批业务员，推销时的平均说话时间低于12分钟。

排在前十的业务员之所以能够创造出那么高的业绩，在于他们听得多做得多说得少，他们往往出言谨慎，只要说话，必能说中客户内心真实的想法。他们善于用行动去打消客户的疑虑，从而赢得他们的信任。他们善于倾听，少言多行的做派也给了客户一种忠实可靠的印象。

而排在后十的那批业务员往往会将自己的产品吹嘘得天花乱坠，只是无论他们说得多给力，客户们都无动于衷。可见，很多时候，好口才并不意味着你说得多好听。你说得越多，越去套近乎，就越能显现出你那颗急功近利的心，对方就越不容易信任你。

现实生活中，很多人都容易犯这样的毛病，一打开话匣子就再也难以止住。有的人一旦做出了点成绩，就开始不断地向外"宣扬"，生怕别人不知道。实际上，你话说得越多，就越能显示出你的肤浅，也越容易得罪别人。

"讷于言"，是让你树立一套说话的原则，你得明白什么该说，什么不该说；"敏于行"，是让你在任何时候，都不要将时间和精力浪费在无谓的言语上，抓紧时间行动，用行动证明自己，用行动为自己打造一份最坚固的交际圈。

爱迪生曾经说过："我深信实事求是而不讲空话的人，一定没有许多话可说。"千里之行，始于足下，想要获得成功，就得认真做人，踏实做事。一个劲儿地说大话、说空话的人该为自己的行为感到羞耻；"讷于言而敏于行"的人，却最终能脱颖而出，成为人群里的佼佼者。

第7章 大方演讲，当众说话的口才技巧

当众说话，氛围很重要

美国斯坦福研究中心的一份调查报告指出，一个人取得的财富，12.5% 来自知识，另外的 87.5% 则来自掌控局势的口才实力。无论是过往的历史，还是当今社会，或是可见的将来，口才将一直发挥着其独特的效应；无论是政界领袖奥巴马、普京还是商界领袖马克·扎克伯格、马云，这些世界闻名的成功人士无一不是极其善于演讲的超级演说大师。

口才的魅力在于：它是人们驾驭人生、追求事业成功的无价之宝，它是我们掌控局势、彰显个性的最有效的工具。

太多年轻人受不了当众讲话的压力，虽然他们也很想大胆地去表现自己，但往往一到那样的场合便不由自主地心跳加速、口干舌燥，不自在到了极点。年轻人们之所以会有这样的表现，一是因为内心缺乏足够的自信和勇气；二是因为训练太少。

其实，很多职业演讲家都会坦白承认，哪怕身经百战，每一次上台之前，他们心里还是抑制不住紧张与惧怕的情绪。而一旦演讲渐入佳境，

现场的气氛被充分调动起来，他们才会慢慢放松下来，越发挥洒自如。

可见，对于一场当众发言来说，气氛尤其重要。气氛烘托得到位，演讲者说得投入，观众听得也投入。相反，若气氛陷入坚冰，演讲者心里没底，越说越心虚，观众亦会越听越觉得无聊。那么如何才能营造出和谐、热切的气氛呢？如何才能保证一场演讲获得预期的好结果呢？

一、当众说话之前，做好充分的准备。

美国前总统林肯曾经说过："我相信，我若是无话可说，就是经验再多，年龄再老，恐怕也不能免于羞愧与紧张。"这句话揭示了一个深刻的道理：哪怕是林肯，若临时上阵，并没有提前做好准备，也不敢保证这场演讲一定会成功。就好像一个人上战场，经验再怎么丰富，这个人再怎么骁勇善战，也得排兵布阵，讲究策略，并带上合适的武器，才有足够的把握去战胜敌人。

你既要去熟悉与了解你面前的听众，细心观察、调查他们的身份背景、经验喜好、需求目的，根据这些情况来确立、调整你的演讲内容；你还要吃透你此次发言的主题与相关要求，抓住重点来阐述，不要散漫无边际；你要选择符合自己外形、身份、特性的演讲方式，在一次次的实践中打造出独属于自己的演讲魅力。

如果你面对的是一场舞台演讲，那么收集资料精心准备好演讲稿；如果你需要准备的是一场即兴演讲，发言之前列好提纲，这点尤其重要。

2015 年，Facebook 的创始人扎克伯格受清华大学邀请，在其经管学院做了一场演讲。当他说着不太熟练的中文，谈起有关创业的三个故事的时候，全场的气氛被推向了高潮。讲台底下的学生们全神贯注地聆听着扎克伯格的演讲，表现得十分投入。扎克伯格十分睿智，他用一口中文来彰显诚意，这个点子也取得了预期中的好效果。他的演讲稿生动有趣，逻辑清晰，指向明确，又发人深思，显然是经过了一番精心的准备。

他的中文虽然不算特别流利，却也十分清晰，只有经过反复的训练，才能达到这样的水平。扎克伯格清楚，他的演讲对象是清华学生，他根据这点设计了演讲的主题、内容和表达方式，还特意提到了中国的创业偶像——马云，这种种准备让这场演讲在一片热烈的掌声中完美收官，不仅给清华学子留下了深刻的印象，主流媒体也纷纷报道，乐此不疲地分析着扎克伯格的演讲技巧。

二、想要充分挑起观众的兴趣，论述和观点要推陈出新，不要过于俗套。

你的发言内容最好做到立意老到、不俗，观点辛辣、鲜明，说理清晰、逻辑完整，举例生动有趣；另外还要注意语言风格，最好富有感染力和鼓动性。你可以在一开始的时候就先声夺人，将现场的气氛推到高潮；也可以一步步烘托气氛，一步步铺垫情绪，一点点将观众的热情和期待推至顶点。

三、想要烘托气氛，你可以用幽默的段子展开论述，以风趣的故事引入主题，或者多多展现你聪明机智的语言技巧。

幽默诙谐的人通常会给听众带来一个良好的印象。对于演说家来说，恰到好处的幽默会将自己的演讲推入高潮。不论是抖包袱还是说故事，很多情况下都能发挥出极其重要的效果。面对发言过程中的僵局、困境，几句幽默风趣的话甚至相当于一剂猛药，能够让你的演讲起死回生。只是需要记住的是，故事要新颖，幽默也不是猛说笑话，掌握不好那个度，你整个人看起来会显得过于轻浮、圆滑。

说好开场白，演讲就成功了一半

现实生活中，很多人迷信"第一印象"，"第一印象"甚至会成为他们评判一个人是否值得信赖的最重要的标准。这种想法虽然不可取，但至少告诉我们，"第一印象"远远比我们想象的重要，我们要给予它足够的重视，才不会白白丧失机会。

而演讲的开场白就像是我们留给别人的第一印象一样。有经验丰富的演说家说，如果在开场的 5～10 分钟你没有抓住观众的兴趣，你的演讲已经预示了一个失败的结局；相反，如果你将这短短的几分钟用到了"刀刃"上，给观众留下了深刻的印象，你的演讲就成功了一半。

开场白成败的关键在于你是否吸引了观众的全部的注意力，"凤头"式的开场白让人眼前一亮，不自觉地走进你一手营造的演讲情境中去。胡适先生在进行一次公开演讲的时候，刚一走向讲台，便提高音量说道："我今天可不是来向诸君作报告的，我是来'胡说'的，因为我姓胡嘛。"话音刚落，一屋子的人笑成了一片。

这段开场白语言风趣，既巧妙地介绍了自己，又体现了先生谦逊低调的修养，还成功地活跃了现场的气氛，短短的几句话便奠定了那场演讲基调，堪称一石三鸟。

那么，想要设计出一个精彩的开场白，可以采取哪些方式呢？下面我们来简单阐述一下几种独特的开场白方式。

一、妙趣开场，以幽默口才，彰显独特智慧。

想要营造轻松的气氛，调动听众情绪，不如试着去设计一个妙趣横生的开场方式，用良好"笑果"来牢牢抓住听众的吸引力。你可以精妙戏谑，亦可以幽默自嘲，三言两语间便可将气氛推至最高点。

　　李敖是中国近代著名的作家、历史学家，一向文思泉涌妙笔生花，实际上，他的口才也很了得。每逢公众演讲，李敖大师频发精妙之言，嬉笑怒骂中不乏幽默慧黠，令人捧腹大笑之余，亦称赞不已。2005 年 9 月，李敖受邀去北大演讲，一出场便出惊人之语，瞬间吸引了听众们的注意力。

　　他说："你们终于看到我了。我今天准备说一些'金刚怒目'的话，也有一些'菩萨低眉'的话，但你们这么热情，我想我应该多说点低眉善目的'菩萨话'。"

　　听众们脸上挂着会心的笑容，不由纷纷鼓起掌来。待掌声稍平息，李敖继续说道："演讲最害怕四种人：一种是根本不来听演讲的；一种是听了一半去厕所的；一种是去厕所不回来的；一种是听演讲不鼓掌的。"话音刚落，掌声又起。

　　李敖顿了顿，说道："当年克林顿、连战等人来北大演讲的时候，是走红地毯进入的，我在进门前也问道：'我是否有红地毯？'校方说：'没有，因为北大把你的演讲当作学术演讲，就不铺红地毯了。'如果我讲得好，就是学术演讲；如果讲得不好，讲一半再铺红地毯也来得及。"

　　李敖这一段戏虐之言起了效果，听众席瞬间爆发出一阵哄笑声，随后便是一阵雷鸣般的掌声。

二、以悬念开场，激发听众兴趣，促使听众尽快进入你一手营造的主题框架。

　　每个人都有好奇心，一旦你成功挑起了对方的好奇心，他肯定会分外耐心地听你说下去。为了激发听众的兴趣，不妨试着去在开场白中制造悬念，往往能够收到你意想不到的奇效。只是，需要注意的是，你的悬念设置不要过于老套，或者不要故弄玄虚，故意去吊听众的胃口，这样不但不能起到预想中的效果，还会让听众们反感不已。

> 高校一位老师准备举办一场讲座，他为此期待不已，精心准备了很长一段时间。谁知道到了讲演当天，他一走上讲台，却发现底下一片哄闹。显而易见，学生们对他的讲座并不感兴趣。这位老师皱了皱眉头，思考了一会儿后，转身在黑板上写下了一首诗："月黑雁飞高，单于夜遁逃，欲将轻骑逐，大雪满弓刀。"
>
> 老师故意挑了挑眉，装作一脸神秘地对学生们说道："有谁知道这首诗是谁的作品？"
>
> 底下叽叽喳喳半天，一个学生突然高声答道："这是唐代诗人卢纶的作品！"
>
> "说得对！"老师赞叹道，接着话音一转，"大家都说这首诗写得好，但是我却认为它有点问题……"
>
> 一句话迅速勾起了大家的兴趣，每个人都满怀期待地望着讲台上的老师，全场变得鸦雀无声。
>
> 老师卖了个关子，笑着说道："至于问题在哪里，我们等会儿再说。读书不能囫囵吞枣，也不能死记硬背，读书还讲究一个探寻与质疑，今天我所讲的题目就是'读书与质疑'……"
>
> 他顺着话题讲下去，时不时抛出几个悬念，学生们一边津津有味地听着，一边积极地动起了脑筋。在讲演即将结束的时候，老师才兴致高涨地说道："一开始我就给大家提出卢纶那首唐诗存有问题，现在我就来给大家揭晓答案。这首诗意象辽阔，

但是却不合常理。既然是月黑之夜，又怎能看见雁飞？你们想想，既是严寒季节，北方不可能出现大雁……"

底下一片热烈的掌声，久久没有停息。

三、以故事开场，绘声绘色地描述情节，将听众带入角色，故事的末尾要总结提炼，得出感悟，并引出演讲下文。

口才不俗的人都很善于说故事，他既能讲得出彩、有感染力，又能让听众产生一种参与感，还能拔高故事的立意，得出新的感悟，可谓是高手。以故事作为一场演讲的开场白，经常能够取得非凡的效果。

自信面对公众，结巴国王如何成为演讲大师

2010年，以英国国王乔治六世为原型的电影《国王的演讲》在美国上映，2011年这部电影勇夺奥斯卡12项提名，并最终拿下包括最佳男主角在内的四项大奖，成为当晚的大赢家。影片描述了一位结巴国王如何成为演讲大师的故事，情感细腻、感人至深。

影帝科林·费斯扮演的艾伯特王子患有严重的口吃，父亲乔治五世去世后，他的哥哥爱德华八世继承王位，后又因种种原因退位。重任压在了艾伯特王子的身上，他临危受命，成了乔治六世。然而，一个根本无法发表流畅演讲的结巴国王并没有为国家带来尊严与荣耀，反而成了所有人的笑柄，国王为此痛苦不堪。

因缘巧合之下，国王认识了语言治疗师莱纳尔罗格，在后者的帮助下，他逐渐意识到自己之所以罹患口吃的毛病，与他怯懦的性格息息相关。正因这份怯懦、这份不自信，他才无法大大方方地站在公众面前，进行流畅的演讲。莱纳尔罗格通过各种独特的训练方式，去塑造国王的自信，最终让他克服了心理障碍，发表了一场至今仍让人回味不已的圣诞讲话，让举国上下都备受鼓舞。

从国王乔治六世的经历，我们可以看到，若是性格懦弱缺乏自信，哪怕你是一位高高在上的国王，也会害怕在公众面前发表讲话。而一旦重塑自信，一代口吃国王却蜕变成了一位真正富有魅力的演讲大师。

一个心理健康的人一定拥有着强烈的自信心，他会给予自己充分的尊重与理解，他会积极、有效地去表达自我价值，他会渴求来自外界的认同与赞赏。一个充满自信的人更容易给别人留下好印象。

自信心是人际交往的需要。自信心在日趋频繁的人际交往中占据着重要的地位，它会让人际交往过程中的氛围更和谐，它会让人际交往的效果大大增加。自信心使人勇敢而果断，一个充满自信的人总是会乐观、顽强地去面对生活中的一切挑战；一个充满自信的人总是勇于承担责任，从不优柔寡断、瞻前顾后。

一个在舞台上散发着浓郁而独特的个人魅力的演讲大师，必定是一个充满自信的人；一个习惯于在公众面前落落大方地发表着自己的观点和立场的人，必定是一个充满自信的人。只有满怀自信心，你才能成功克服障碍，超越自己。

但实际上，现实生活中很多人都是非常惧怕在公众面前表现自己，因为怯懦，因为自卑，因为害怕丢脸、出洋相，害怕受到别人的嘲笑与白眼。他们也曾试图改变，却都因着各种各样的困难而半途而废。

想要建立自信心，想要变成一个心理强大的人，需要一个漫长的过程。只要你在生活中留心注意，并持续去训练，终有一天，你也会成为一个对演讲充满自信的人。下面我们就来介绍几种建立自信的小诀窍，你可以对照着去训练。

不断为自己确立目标。目标是人类前进的动力，一个个持之有效的目标能够最大限度地激发人的潜力和创造力。为自己设立目标的行为本身就是自信心的一种表现，只是需要铭记的是你的目标一定要符合实际，不要好高骛远。

适当地去赞扬自己。国外流行一种"PR法"，它鼓励人们每天利用一分钟的时间去讲述自己的优点，对着镜子去表扬自己。这是一种增强自信的好方法。生活中不要过于妄自菲薄，也不要过于自怜自责，学会正确地评价自己、表扬自己十分重要。

尽量挑前面的座位。我们发现，在各种聚会中，越是沉默自卑的人就越会挑选角落里的座位。因为自卑心理作祟，他们很怕受到他人注目。但实际上，有关成功的一切都是显眼的，害怕显眼的人还是因为不够自信。想要树立自信心，不妨多选选前面的座位，抓住一切机会，勇敢地去表现自己。

想想听众都喜欢听什么

我们经常听到别人说"顾客是上帝"，以此类推，听众也是演讲者的上帝。如果没有听众，演讲者的发言便毫无意义，与废话无异。为了获取对方的好感，你在与对方交谈的时候可能会千方百计地投其所好。演

157

讲也是如此，它不是你一个人的独角戏，你必须考虑听众的喜好和需求。想让你的演讲出彩，你就得认真琢磨一下什么才是听众最感兴趣的事情。

定演讲主题的时候我们要以听众的喜好和需求当作首要的参考条件，之后的演讲的各个环节中都要考虑到这一点。如果你将个人好恶放在第一位，想怎么讲就怎么讲，先别说听众是否能够理解你的观点与立场，哪怕他们真的听明白了你想表达的是什么，他们也不会轻易地认同你的演讲，只因你讲的东西对听众毫无用处。

演讲并不仅仅只是"表现自我"，它更是一种价值的输出，它需要你当着所有听众的面去绽放你自己的光彩和魅力。一场真正杰出的演讲是动用各种语言技巧去给听众带来价值的过程；一位真正高明的演讲者永远会将听众的喜好和需求放在第一位。

很多人之所以绞尽脑汁也搞不定一场演讲，原因就在于他总是会犯下"主次不分"的错误。记住，演讲的主角不是你自己，而是所有听众。

演讲之前，不管是确立主题，还是构思内容，你都要仔细琢磨一下听众究竟喜欢听什么，你要想清楚听众凭什么来听你的演讲，你又能给他们带来什么价值，你是否能够说中他们心底的声音。

那么，我们如何准确地把握住观众的喜好与需求呢？

李林是一位十分有名气的演讲师，拥有很多粉丝。前几天，他在某城市做了一个线下的分享会，吸引了大批人参加。那一天，李林讲得很精彩，现场气氛也很热烈。到了提问环节，听众们踊跃发言，内容大多关于演讲，李林为他们一一做了解答，他精妙的语言和老辣的见解为他赢得了很多掌声与喝彩。

有一个听众是李林的微信好友，相互之间比较熟，他从人群中站起，同李林打了个招呼后，便困惑地问道："李林，你作过很多次成功的演讲，几乎每一次的主题都不一样，你是如何确保每一次的演讲内容都能照顾到听众的喜好与需求的呢？你又是怎样确保你每一次演讲都能让听众觉得有用呢？"

李林笑了笑，赞扬道："这确实是一个好问题。首先，多年的社会阅历和演讲经验让我能准确地猜到不同听众群体的需求和喜好。其次，如果我面对的是一群陌生的听众，我并没有把握一定能够说到他们的心坎里，这时候我会做一件事情，那就是调查，你可以通过各种各样的方式将他们的身份背景、性格经历摸清楚。"

演讲之前，摸清楚听众究竟愿意听什么是一个必要的步骤。但也不能凭空想象，还得付出一些实际的调研行动。知己知彼方能百战不殆，想要掌控演说现场，你首先要了解演讲主办方想要达到的具体效果，你要知道你所面临的听众是怎样的一个群体，你要尽可能多地了解听众们的教育背景、社会地位、经济水平等信息，并根据这些背景资料来分析听众可能采取的观点和态度。

需要注意的是，主办方在邀请你来作一场演讲之前，会大致跟你介绍一下观众的分成，往往不会说得太细，在这种情况下，该怎么去调查听众们的背景信息呢？我们可以采取间接调查和直接调查这两种模式。

首先来说说间接调查，它指的是你通过别人的力量来获取想要的听众信息。你可以在演讲之前做一份调查问卷，委托主办方去发给听众人群，等到对方统计出调查结果并反馈给你后，再来将所收到的信息进行分类整理。当然，你的委托对象不一定是主办方，你还可以请教一些专家，或向你身边那些对听众群体比较了解的人询问讨教，用这样的方式来做一个基础的理解。

有一位演说家受邀去给某市狱警做一个讲座，他对这个听众群体几乎一无所知，根本不知道该如何下手。正在他抓耳挠腮苦恼不已的时候，却突然想到，自己有一个初中同学现在正从事狱警工作，他完全可以通过这位初中同学来对这个群体做一些了解。

他通过微信和QQ与这个初中同学聊了几次后，心里总算有了一点底气，对演讲的主题和内容也有了清晰的规划。

如果通过间接调查，你心里对于听众的情况还是比较模糊，那你不妨直接去调查，主动出击。你可以提前建立一个微信群或QQ群，将听众们直接聚集起来，按照事先列好的问题提纲，直接跟他们聊天，直观地去感受他们的真实想法。这样一种双向的互动也许会给你的听众留下更深的印象。

言之有物，没有人喜欢听空话套话

演讲的时候有"五言"：即强调知识思想与内容的"言之有物"、强调道理的"言之有理"、强调感情的"言之有情"、强调逻辑的"言之有序"，以及强调礼节的"言之有礼"。这"五言"缺一不可，相互结合起来才算是一场有血有肉、富有感染力的演讲。

"言之有物"算是这"五言"中最基础的要求了。现实生活中，很多人在公众场合发表演讲的时候习惯堆砌一堆空话、套话，纵使声音洪亮、姿态铿锵，也达不到预期的效果，只会让听众们觉得你过于"假大空"。

没有人喜欢听空话套话，只因它是一种有害无益的形式主义。喜欢说空话套话的领导干部显得虚伪浮夸，让人无法信任；喜欢说空话套话的朋友、同事显得油滑世故，往往斤斤计较于蝇头小利；喜欢说空话套话的你我一味屈服于世俗，已经失去了自己的灵魂和个性。

想要在人生之路上成就一个丰富、鲜明、立体的自己，就不要轻易去说一些空话套话。演讲也一样，想要用自己的魅力去感染他人，想要让听众们感受到你话语中的力量，就要戒绝那些"假大空"的话语。

演讲的时候如果做不到言之有物，一定算不上一场成功的演讲。这种性质的演讲一来苍白空乏，要不通篇说教，要不通篇哀痛、批判，要不通篇畅想，毫无干货，让人昏昏欲睡；二来缺乏形象性，主次不分生硬刻板，举例没有真实感，难以给人留下深刻印象。

那么，演讲的时候如何才能言之有物呢？

一、深入剖析问题，不逃避回绝，也不必大声"疾呼"，装模作样地批判抨击，而是要冷静、具体、条理清晰地告诉听众们应该怎样去解决。

中国人民大学的劳动人事学院的郑教授曾发表过一场名为"解决中国民生问题需要智慧"的演讲，主题尖锐鲜明：有关中国民生的现实问题。郑教授的演讲逻辑明确、层次分明，通篇围绕着主题内容深入剖析，逐条阐述，没有一句空话、套话。

一开始，他便站在听众的角度上，就科学发展观在民生方面的意义做了全新解读。接着便分析起民生问题的几大重点领域：教育、就业、收入分配和教育保障，并分别附以阐述和具体解决途径。说理深入浅出，层层递进；情感丰富深沉，极富感染，同时具有很强的操作性，让在场的听众们获益匪浅。

二、分享自身经历，解析自我心理。想要做到言之有物，不妨在演讲稿中加入一些自身经历，或以自己为典型案例，多与听众分享自我心得，以理服人，以情动人。

一位"80后"女艺人曾在公众场合发表了一场励志演讲，多处提及自身经历、感悟，让人十分动容。

演讲一开场，这位女艺人就向在场的所有人抛出了一个问题："有谁会在一年365天里，天天都被一群未曾谋面的陌生人骂得狗血喷头？"见无人回答，女艺人微笑道："看来只有我遭遇了这个问题，不过别担心，我今天不是来诉苦的，我是来和大家分享，我是如何被骂大的。"

女艺人开始说起自己从一个默默无闻的小演员变成一个被大家围追堵截的网络"黑姑娘"的经历，时常说着说着，眼里便泛起泪花，脸上却一直洋溢着灿烂的微笑。她说，自从被推至风口浪尖，她便十分纠结痛苦，甚至不得不去看心理医生。后来，她逐渐明白，既然无论怎么做都会挨骂，不如用最积极的态度来迎接这些骂声。

她呼吁所有人，要以积极的心态去面对网络暴力，去面对人生中的一切艰难坎坷。她鼓励人们，从哪儿跌倒，就要从哪儿爬起。这位女艺人的演讲引起了所众极大的共鸣，她由人们眼中的那个肤浅无知的女明星瞬间变成了一个睿智自信的独立女性。

想要做到言之有物，不妨描述一些具体场景。演讲稿最忌讳四点：言辞苍白，描写空洞，说理干巴无力，情感缺乏共鸣。这些问题不是一些空话套话，或者大段大段的感叹号能够解决的。你可以试着少说一些总结性质的空话，而将目光放在细节处，多多描述一些具体的场景。

互动会让演讲充满感染力

如果你想要提高自己的演讲能力，就一定要学会与听众互动的技巧。当你激情澎湃、慷慨激昂地站在讲台上演讲的时候，要是有听众参与其中，一定更能够激发出你的演讲热情和魅力，听众们也会听得更开心、更投入。

演讲时候的互动可以让演讲者和听众之间的联系更深，可以使整场演讲充满感染力。演讲时，与观众互动的方式主要分为三类：提问式互动、同感式互动、游戏式互动。

提问式互动指的就是利用提问的方式，来和听众进行某种交流，这种问题通常很具针对性。很多演讲者在开场的时候，经常会问观众"你们说呢？""还有呢？""好不好"这一类简单而又明确的问题，来与观众进行互动，就是典型的提问式互动。

同感式互动指的是将自己的所思所感套用在观众身上，以达到某种情感共鸣。我们经常听到演说家们在演讲过程中会说这句话："相信在座的各位与我想法相同"，这就深深体现了同感式互动的精髓。

游戏式互动要求观众和演讲者以完成同一个游戏或者测试的方式来进行互动，经常会被运用到演讲过程中。

介绍了演讲互动的三大分类后，我们可以再来分析一下几个互动小技巧，可操作性十分强。

一、以话题为诱饵，吸引听众们去主动思考。有一句话说得好，只要诱饵合适，哪怕是最难上钩的鱼也会乖乖"束手就擒"。一旦听众们对你的话题产生了思索，就说明他们正在一步步地走入你的思维模式中，他们听得会越发投入，他们的情感共鸣也会来得更强烈。

　　吴峰在为某大学大三学生进行一场以"职业规划与职场世界"为主题的演讲的时候，及时抛出了一个颇具争议性的话题，引得在场的大学生激烈讨论了起来。他所采用的话题是这样的——上司能不能够与下属交朋友呢？这个话题虽然很普遍，却也确确实实是人们关心的点，一下子就戳中了这群年轻人的软肋。

　　一部分大学生认为上司与下属成为朋友无可厚非，是人之常情，另一部分大学生却认为上司一旦和下属成为朋友难免会碍于人情处处受制，公私不分的现象一定变得越来越多。就在双方争论得相持不下的时候，吴峰及时打断他们，微笑着说："上司与下属之间的相处是一门大学问，它关系到如何达到个人情感与工作关系的平衡等问题……"

　　吴峰滔滔不绝地讲了下去，那群大学生们听得很认真，这场演讲取得了预期中的良好效果。

　　二、耐心倾听听众们的回答，不要随意打断。一些所谓的"演讲大师"在获得一点名气之后，内心极度膨胀，他们觉得自己才是舞台上的绝对主角，拥有绝对的话语权，他们根本不关心听众们到底在想什么，哪怕设置了听众提问的环节，也总是很不尊重听众们的想法，一再打断他们的发言。

　　实际上，这是一种极其不聪明的做法。一旦你粗暴地打断了听众的发言，互动的氛围就会瞬间减弱。正确的做法是：放下内心的傲慢与自大，耐心倾听对方的心声。你可以面带微笑，真诚地注视对方的眼睛，并根据对方的回答及时给予反馈，这可以让听众们很好地融入你塑造的氛围中，鼓舞他们参与互动。

三、用一些特定的手势或者动作，来制造悬念，调动听众的互动情绪。这招虽然有效，亦要注意分寸，最好能够见好就收，并迅速地引入正题。

　　有一位演讲者正在台上说得激情飞扬，台下却噪声四起，并有愈演愈烈之势。演讲者正急得不知道怎么办才好，突然灵机一动，临时想出了一个好办法。他停下了演讲，走到舞台中央，面向观众，高高地举起了右手，并伸出了大拇指，将这个姿势足足保持了一分多钟。场下观众们不明所以，你看看我我看看你，都渐渐安静下来。

　　演讲者爽朗地笑了起来："我要夸一夸在场的男士，他们就像是大拇指，既健壮有力，又坚毅稳重，简直是一夫当关、万夫莫开！"场上的男士们顿时纷纷鼓起掌来，齐声答道："说得好！"

　　演讲者见效果不错，又伸出了小指，高声说："但是在场的女士们嘛，就像小指了！"话音刚落，女士们都皱着眉头抗议起来。演讲者连忙装出一副害怕的样子，连连道："别急，别急，我的意思是，女士们都像是小鸟依人的小指，既玲珑秀美、聪慧伶俐，又出得厅堂、下得厨房！"在场的女观众们都笑了，纷纷说："这还差不多……"

　　演讲者趁着大家兴致高涨，又提了几个与演讲题目相关的问题，成功拉回了观众们的注意力。他在情急之下想出的互动方式可谓是帮了他的大忙。

演讲的时候一定要注意互动，这会让你的演讲更富感染力，也更能深入人心，而这亦是增加你个人魅力的方式。在演讲的过程中，你要努力去制造互动的机会，好好把握住每一次互动机会，力求将它发挥出最大的效果，为你的演讲增光添彩。

避免满嘴"跑火车"，演讲时要注意的禁忌

演讲要有技巧，想要提升自己的演讲水平，你可以从正面去剖析一些演讲成功的要领，你也可以寻找一些负面例子，逐条分析失败的原因，二者同样重要。其实，只要我们稍加注意，就会发现，一些演讲没有取得预期中的效果，都是因为其犯了各种各样的演讲禁忌。

在公众场合满嘴"跑火车"的人是可怕的，在演讲中不顾禁忌，大放厥词的人也根本算不得合格的演讲者。当经验丰富的演讲者充满自信地站在舞台上的时候，他会运用语言、眼神、面部表情、肢体动作等种种要素来塑造、烘托出一个充满魅力的自己。他们会小心翼翼地绕开那些演讲禁忌，力求自己的演讲成功、精彩。

那么，演讲中我们到底要注意些什么呢？

一、演讲中尽量不要使用口头禅。这些口头禅通常指的是一些与演讲毫不相关的废话，或者是一些比较粗鄙的粗话。如果演讲者频繁使用口头禅，一定会干扰听众的注意力。有时候，不当的口头禅带来的负面影响将超出你的想象。

你在演讲前练习的时候，可以用手机进行记录，亲自去听听你的声

音、你的演讲效果。你会发现，那些恼人的口头禅从你口中蹦出的时候是那么的失仪。一旦认识到了口头禅的负面影响，就要牢牢记在心里，时刻提醒自己改掉这个坏习惯。

二、演讲稿要语言通顺出彩，逻辑顺畅完整。忌艰涩深奥，冗长杂乱。

有些人在演讲过程中会习惯性地使用一些专业术语，对于普通观众来说，若内容过于艰涩难懂，肯定不会有兴趣听下去。你的演讲稿要抛弃这些晦涩深奥的书面语言和专业术语，尽量使用直白的话语娓娓道来，力求简单明了、浅显易懂。

有些人的演讲稿罔顾事实，一味臆测，充满了浓浓的主观意味，很是叫人反感。而且通篇逻辑混乱，想到哪里说到哪里，没有一个中心点，让人听着听着就不耐烦了。合格的演讲稿最起码得做到逻辑完整、说理清晰、语言通顺，在这个基础上再拔高立意、生动语言、推陈出新，便是一篇精彩的演讲稿。

三、演讲中不要一味豪言壮语、夸夸其谈，做足了姿态，却毫无感动人心的力量。我们都参加过一些会议，会上那些领导们的发言虽派头十足却空洞乏味，令人昏昏欲睡。有的人一当众演讲起来就犯下这样的毛病：要不豪言壮语、信誓旦旦，要不严肃冷漠、面色铁青，整个人既缺乏真情实感又毫无生命力。这样的演讲只要听过一次就再也不想听了，毫无质量不说，还浪费时间和精力，还不如朋友间一场闲聊来得愉快。

四、演讲要有情趣，要有生机，要投入真情实感，要有实打实的互动，它并不是你站在舞台上照念稿子。记得美国著名民权领袖马丁·路德·金那场著名的演讲《我有一个梦想》吗？它给人们带来的温暖与力量经久不衰，在国际范围内都留下了巨大的影响力。你要将真实的感情投注于演讲之中，而不是仅仅走个过场。

五、演讲时不注意舞台礼仪，缺乏礼貌，不与观众进行眼神交流。有的人在正式演讲的时候，穿着大裤衩就往台上冲，不修边幅随心所欲的样子，对观众缺乏基本的礼貌。你的着装仪表切记要符合标准，就算不是西装革履也要干净舒适，最起码要给观众留下一个好的印象。

有的人在演讲的过程中要不呆立不动，要不抖腿摇摆，小动作颇多。太呆板不好，给人拘束放不开的感觉；太"活泼"也不好，显得很不稳重。

演讲前要注意排练，做足了准备方能信心满满地上"战场"。演讲时一定要时刻不忘与观众有眼神接触。你若是看天看地就是不看观众，底下早就闹腾起来了。眼神是你表达自我、建立信任的好工具，得好好利用。快结束的时候要记得准备一个精彩的结尾，不要虎头蛇尾、潦草带过。同时，你的演讲要掌握时间，切忌没完没了。

2016 年在北京举行的国际体验大会上，百度用户总监刘超的演讲引发了一场"众怒"，在"你太 Low 了，快下去吧"的"讨伐"声中，演讲直播被迫中断了好几分钟。这场演讲彻头彻尾地失败了，也引起了我们的深思。我们可以来分析一下刘超演讲失败的原因。

其一，刘超的演讲之所以会被打断，是因为他围绕着"'互联网＋'时代设计进阶之路"主题来进行的演讲内容引起了现场诸多设计师的不满。他言语空洞，无"干货"，既没有建设性的观点又没有有价值的分享体验，有的只是漫无边际、浅显无聊的总结和畅想，逻辑性不强，水分也太多。

其二，刘超经常会使用一些口头禅，言语太过随意不庄重，难怪会被观众们频频喝倒彩。刘超言语絮叨，与简洁有力的要求差得太远。种种迹象表明，他在演讲之前很有可能没有经过充足的准备和系统的排练。演讲切勿仓促上场，除非你对你的临场发挥能力充分自信。对于备受关注和期待的演讲来说，你更要做好准备，设计好各个环节。

想要提升演讲能力，就要注意绕过这些演讲禁忌。千万不要满嘴"跑火车"，出丑卖乖，贻笑大方。多在实践中总结经验，你会一次比一次出彩。

第8章 让说服变成艺术，讨价还价中的学问

"请君入瓮"，另辟蹊径地实现目标

　　阿里森是美国一家家用电器公司的推销员，有一天，他找到了老客户斯宾塞先生，向他推销自己的电机。前不久，斯宾塞先生刚从他手里买过一台电机，不久后却发现那台电机启动还没多久就会变得十分烫手，他因此对阿里森的信任大打折扣。斯宾塞先生冷眼看着阿里森说："你还想要我再买你的电机吗？你去摸摸你之前卖给我的电机，看看它有多烫手！"

　　阿里森仔细地观察了那台电机，思考研究着，终于发现了电机过热的原因，他没有直接和斯宾塞对峙，而是和颜悦色地对他说："斯宾塞先生，我同意您的意见。如果我是您，买了一台过度发热的电机，一定会想方设法退货的。"

　　斯宾塞哼了声，说："当然了！"

　　"电机在使用过程中难免会发热，可是它也有一个标准，一般来说，电机的温度比室温高72°F（22.2℃）都是正常的，对

吗？"

斯宾塞点点头，不以为然地说："这个我当然知道，可是你之前卖给我的电机超过正常指标太多了，连碰都不敢碰，你们还是想办法赔我一台新的吧！"

阿里森顿了顿，突然装作疑惑的样子问道："请问你们车间的温度大概有多少？"

斯宾塞想了一下，粗声粗气地说："差不多 75°F（23.9℃）吧，你问这个做什么？"

阿里森"恍然大悟"道："哦，原来如此！车间温度足足有75°F，加上电机的 72°F，比 140°F（60℃）还多，请问，您把手放进 75°F（23.9℃）的热水里，会不会觉得难以忍受呢？"

斯宾塞不满地嚷嚷起来："你到底想说什么？"

阿里森笑道："您难道还不明白吗？我卖给您的电机，质量是达标的，它的温度完全是正常的，您放心吧！据我所知，你们公司还缺一台电机呢，像我这样可靠的卖家已经不多了哦！"

就这样，阿里森通过一场巧妙的对话，一步步将对方拉入了自己的思路中，最后阿里森又做成了一笔生意。

所谓兵不厌诈，说话是一门艺术，谈判则是一场不见硝烟的战争。想要成功地说服对方，成为最终的赢家，必要的时候，不得不用上一些"技巧和手段"。比如说，挖个坑，请对方自己跳进来；比如说，给对方灌迷魂汤，先让对方迷失方向。只有这样，对方才会乖乖地跟着你的思路走，你才能轻易地达到自己的目的。

想要成功地说服对方，来"硬的"不如来"软的"，直路走不通，就要想方设法地另辟蹊径。想要一举击溃对方，就得一步步挖好坑，埋好"地雷"，再一点点将对方引诱"上道"。想要对方心甘情愿地接受你的看法，不如事先设置好陷阱，在对方与你谈话的过程中，慢慢地将他带至陷阱边，耐心地等候着他自己往里跳。

"请君入瓮"法的原理听起来很简单，做起来却没有那么简单。"挖坑"的时候一定要注意技巧，这样才能让对方顺着你的思路走下走，一点点地靠近你的预期目标。可是，如果你不够谨慎，哪怕只是一句话、一个眼神就能让对方看出你的破绽。

一些人性格急躁沉不住气，往往还没谈两句就急着切入主题，这样哪怕你在事前进行了布署，还是会有过早地暴露目的、打草惊蛇的可能。你最大的目的就是通过周旋，让对方不知不觉地落入你精心设置的"陷阱"中。

一个真正的说话高手能够运用的武器不仅仅是语言，另一大杀器被称作"心理攻击术"。在某些特殊的情况下，想要让对方心悦诚服，你就得事先花费好一番功夫去"布局"。为了将对方一步步引入你的埋伏圈，你得殚精竭虑，事先设计好套路。

元旦那天，刘丹家里来了一堆亲戚，妻子忙着炒菜，刘丹忙着招呼客人，夫妻俩脱不开身，便吩咐儿子去楼底下的烟酒商店买两瓶茅台酒回来。不一会儿，儿子便蹦蹦跳跳地抱着两瓶酒回来了。刘丹一看那包装就觉得不对劲，他仔细地研究了一会儿，最后认定这两瓶茅台酒都是假货。

刘丹将假酒揣在怀里，招呼儿子随自己一起下楼，去找店老板对峙。到了那家小商店后，刘丹让儿子抱着假酒悄悄地躲在一边，自己大摇大摆地进了店，高声地让店主拿一瓶茅台酒。店主殷勤地拿来一瓶酒，刘丹握着酒瓶细细地研究了半天，自言自语地说道："茅台酒真是好酒啊，就是现在假货太泛滥了，一点都分辨不出真假！"

店主闻听此言，立马接过话说道："你来我家买酒啊，保证都是真货！"

刘丹愁眉苦脸地说道："不是不信你，实在是被被骗得太多了，不敢相信别人了！上次我就在你对门那家店里买了一瓶茅台酒、一包中华烟，那个店老板也打包票说绝对是真货，谁知道买回家后，打开一品，才发现都是水货！唉，真是倒霉！"

店主似乎也很气愤："那家一向卖假货，你可以去找他嘛！"

刘丹唉声叹气，看起来无奈极了："当时没有验证，隔了好几天才发现，我想着再去找他的话，他肯定不认账！"

店主有点惋惜："你买回家应该看看啊，错失良机了。"

刘丹话音一转，小心地问道："那假如我当时就发现了，可是他还是不认账，该怎么办？"

店主笑呵呵地说："你傻啊，这就属于人赃并获了啊，你去找工商局，对方不敢不认！"

刘丹见时机已经成熟，就向躲在门外的儿子招了招手，笑着说："你的办法确实好，我儿子这两瓶酒是在你店里买的吧，你说怎么办吧？"

霎时，店老板的脸都青了，赶紧摆着手说："万事好商量，我把钱都赔给你就是了！"

想要说服别人，先别急着亮明主题，你可以在话语中挖坑，引着对方一步步地跳入你事先布置好的陷阱之中，等到最后"谜底"揭晓的时候，对方不服也不行，这实在是一个高明的手段。

当然，你在学会"挖坑"的同时，还要预防着不要跌入对方事先挖好的陷阱中。事事警惕，不要相信那些轻易获取的信息。这些唾手可得的信息极有可能是引你上钩的诱饵。要想不陷入对方的迷阵之中，你要始终保持着机警的头脑和敏锐的判断力。

曲言婉至，拐着弯地说服

在生活和工作中，我们难免需要去说服身边的人接受我们想法和建议，有的人总会因此与人发生争执，严重的时候甚至大打出手；反观另一群人，不但能够成功地说服对方，还能收获一大帮好人缘。之所以产生这样的差异，是因为前者只知道一味地说理，完全不讲究技巧，后者却能够"曲言婉至，拐着弯地说服"。

聪明的人在讲话的时候很少直抒胸臆，却习惯利用委婉之词加以烘托或暗示。"曲言婉至"这种说服技巧，因为给人留下了回旋的余地，所以常常能够产生超出人们想象的效果。面对棘手的人或问题时，我们完全可以去运用这种"曲言婉至"的技巧去化解。

唐朝安史之乱后，很多外地的将领拥兵自重，大搞藩镇割据。到了中唐时期，平卢淄青节度使李师道野心十足，自恃掌握兵权，举兵叛乱，与朝廷分庭抗礼。李师道很欣赏当时的著名诗人张籍，三番四次地派人邀请张籍来他府上做客，不断地以金银利诱，想要拉拢张籍为己效劳。

张籍心里对李师道的做法很不认同，却又不知道该如何拒绝对方的拉拢。为了成功地说服对方放弃，他冥思苦想，终于想出了对策。那一天，张籍一见到李师道，便向他讲了一个故事。他说，有一个女子，虽然已经成过亲，可是她的一位追随

者却痴心不改，一直苦苦地纠缠着她，盼望有一天她能够体会
到自己的一片痴情。女子被缠得没办法，只好写了一封信，托
人交给了男子。

那男子展信一看，不自觉地默诵起来："君知妾有夫，赠妾
双明珠……知君用心如日月，事夫誓拟同生死。还君明珠双泪
垂，恨不相逢未嫁时。"男子攥紧了那封信，皱着眉头思索良
久，从此将爱慕埋藏在了心里，绝口不提。

故事讲完了，张籍惴惴不安地等候在一边，李师道抚着胡
须，缓缓地说道："张公子既不愿意，老朽也不愿意强人所难，
此事且休再提吧。"

想要成功地说服他人，未必一定要直来直去、开门见山，你完全可
以曲言婉至，拐着弯地说服他。当然在那之前，你要努力去了解对方的
心理，摸透他所有的情绪和需求。

在人际交往中，我们通常要面临的问题或困难，不是别的，而是怎
样去说服对方，这是一种艺术，也是成功交际的根本。因为想让别人接
受自己的想法，永远不是一件简单的事，所以你必须委婉地暗示、含蓄
地传达，当你的观点几乎让对方认为那是他自己想出来的时候，你的劝
说工作就成功了。

但是，在说服对方中，最大的困难莫过于能否正确地把自己的意图
传达给对方。如何才是最正确、含蓄、委婉的表达方式呢？

首先，要排除双方沟通的障碍。

两个人在互相说服的时候，不可能完全地接受从对方那里听来的观
点，就像戴着有色眼镜看风景，或深或浅地会加上自己的颜色。个人经
验的不同就是造成沟通障碍的一种因素，虽然我们在说话时会竭力地想
使自己的话客观些，但还是免不了要受自己过去经验的影响，当别人说

话时，更免不了通过自己的经验来判断和接受。也有的时候，说话者虽然一心一意地想正确传达自己了解的事实真相或自己的意图，但如果不考虑到倾听者的立场、观念，就容易在传达和接受之间产生扭曲，以至于不能达到预期的目的。

因此，要说服对方，首先就得摘掉自己的有色眼镜，排除双方沟通的障碍。以说服对象的立场、观点、感受等作为出发点，循循善诱，从而说服对方。

其次，切莫先入为主。

说服对方的另一个有效方式就是消除先入为主的观念，激发听众的参与之心，对消除先入为主有着巨大作用。

毫无疑问，对于别人的观点和意见，每个人都是存在戒心的，这是因为自己的观点已经先入为主造成的。所以要说服对方就要消除倾听者的戒备之心。

由于双方在刚见面时，倾听者对说话者采取了警戒的态度，所以谈话者应当一面巧妙地疏导和松懈对方的戒心，一面小心地辅以适当的忠告，这样对方就比较容易接受。切忌单刀直入地指责对方、批评对方，这简直是火上浇油，会使对方迁怒于你。所以忠告时应把握好尺度，真诚恳切而又平心静气地向对方陈述，使对方信任你，从而达到说服对方的目的。

最后，用事实引起共鸣。

事实就是事实，说服别人也要建立在尊重事实的基础之上。人们常说"事实胜于雄辩"，也就是说，事实最具有说服力。但是在我们说话的时候，并不能够随心所欲地让事实马上呈现，因此我们只有举出具体例证。采用具体例证以使倾听者接受和同意，在描述时必须尊重事实真相，否则效果会适得其反。要想得到倾听者的共鸣、共识，一定要利用倾听者熟悉的事物。倾听者本身的生活经历或非常熟悉的事例是最逼真的，也最容易引起对方的共鸣。

永远不要首先提出"折中"

想要成功地说服他人，永远不要首先提出"折中"，一旦你的口气软了下来，就会让对方有机可乘。尤其是在谈判桌上，更要守住自己的利益，寸步不让。谈判是一场博弈，是一场战争，更是一种讨价还价的艺术，如果不懂谋略，一味地求和让步，你最后也只能无奈地一退再退。

很多人认为在谈判桌上双方僵持不下的时候，折中是解决分歧缓和关系的最好的办法，但实际上有时候这是一种陷阱。折中并不意味着它就要像分苹果一样从正中间一分为二，如果你的"实战"经验很糟糕，你完全有可能被对方忽悠得以一个低于底价的价格成交。

举个例子，李明因为要筹措一笔钱，要把家里的老房子卖掉，他开价 30 万元，同事张武看中了那套房子，可是手里只有 28 万元的积蓄。如果真的采取折中的策略的话，29 万元似乎是个很公平的价格，貌似双方都让了一步。

可是真的公平吗？如果房子根本不值 30 万元，之所以定这个价格是因为李明看出张武很喜欢房子而狮子大开口，那张武简直太吃亏了。如果房子确实值 30 万元，但是张武利用李明急着用钱的处境迫使李明退了一步的话，那李明就真的亏了整整 1 万元钱。

举这个例子是想表明，折中未必就一定公平，为了争取到最大的利益，你得首先摸清楚情况再做打算，千万不要轻易流露出妥协的意思。哪怕折中真的是一种最合理的方式，你也要逼着对方先提出。试想，如果你的谈判对象是个高手，一旦被对方看出你有退让的迹象，肯定会咬紧这一点，死死不松口，直到将你完全击溃。这时候，你难免会最大限度地失去己方的利益。

　　今年夏天，吴英所在的公司需要重换一批办公设备，便派经验丰富的吴英作为谈判代表与供货商进行接洽。公司只预备出 15 万元，供货商却开价 18 万元，吴英犯了难，但他知道，谈判桌上玩的就是心理战术，向对方流露出真实想法便是犯了大忌讳。吴英要么面无表情，要么沉吟不语，说起话来口气也是斩钉截铁不容置喙，对方急了，说："我看你就不是诚心合作的样子……"

　　吴英笑了，脸色缓和了下来："我若不是诚心合作，何苦拒绝其他供货商非得把时间耗在这上面，还不是看中了你们产品的质量，我们已经拿出了足够的诚意，你们也得表示表示嘛！"

　　对方沉不住气了，探问道："还有其他的供货商？"

　　吴英只笑了一下，并没有多说什么，他见对方仍然在犹豫，假意道："我看时间也不早了，今天就到这里吧。"

　　对方连声道："吴先生，你别急，要不这样吧，我们各让一步，折中价 16.5 万元成交怎么样？"

　　吴英心里一喜，对方既然首先提出一个折中价，应该是真的急了，看来下面还有一场"硬仗"要打。之后的谈判中，他一再应用心理战术不停逼迫对方压价，最终以 15 万元的价格成交，吴英圆满完成了任务。

战场上，两军对垒，首先提出"议和"的一方，就等于将破绽暴露给了对方，纵使原本双方实力相差不多，这一"议和"就等于在心理上矮了对方三分。在爱情中，男女双方发生争吵，首先提出"和好"的人，绝对是付出感情更多的一方。当然，爱情需要包容，但战争或者商业谈判就不一样了，你让一步，失去的是输赢、是利益甚至是性命……

若想立于不败之地，永远不要首先提出折中，但你可以去鼓励对方折中。在谈判桌上想要"hold"住全场，一定不能首先让步。你所要做的就是要将谈判的价格范围保持在你没有折中的范围里，这能为你争取更多的利益。你要相信，只要对方首先提出折中，你就能站在胜者的角度上继续谈判下去。

近期，宇峰忙得焦头烂额，这一切都源于一场陷入僵局的谈判。事情还要从头说起，因为一个项目，他与某公司进行了近一个月的谈判，最后为了5万元，双方寸步不让，几乎到了精疲力竭的地步。

让宇峰暗喜的是，在最近的一场谈判上，对方终于露出了松动的口气。他趁热打铁道："我们双方所要求的价格相差并不远，也不过就是区区5万元，你我公司一向合作愉快，要是为了这5万元争得头破血流，也未免太难看了。"

对方试探着说道："你说的是有道理的，但是贵公司一再坚持的120万元，我们实在是接受不了，不如这样，双方各退一步吧，我们愿意再加一点，117.5万元怎么样？"

虽然这个价格还算合理，宇峰却没有马上同意，他另有主意。宇峰沉思良久，说："我个人不能决定这一点，我得向上司请示一下。"

接下来的谈判中，宇峰故意为难地说："我的上司并不同意你们提出的折中价，他一再说，要是少于120万元，我们这边肯定会亏本。你们若是再加一点，我们也能亏得少一点。友谊第一，生意第二，我们实在是不想破坏与贵公司的情谊，亏点也就认了，哪怕我自掏腰包呢。"

经过几轮激烈的讨价还价，双方最终以 119 万元的价格达成了合作。

谈判陷入冷场的时候，折中其实是一个打破僵局的好办法。但我们一直强调的是，想要占据"心理高地"，你不能首先提出折中。你可以变着法地鼓励对方这样做，为了不被看出来，你需要运用很多技巧。为了给对方一种赢的感觉，你也可以表现出一种为了和解甘愿吃亏的态度，千万不能沾沾自喜，否则会前功尽弃。

善用"威胁"，要先保持威胁的可信性

想要轻易说服他人而不动用"一兵一卒"，需要动用很多心理战术，其中一种策略堪称典型，也就是"威胁法"。在谈判桌上，巧用"威胁"，会让谈判的结果更加有利于你。当然，首先你得保证你的威胁是真实存在的，而不是你瞎编胡造出来的，如果是后者，一旦被对方察觉出来，你就会面临全盘崩溃的境地。

古代有一将军造反，他趁皇帝出宫围猎的时候将皇帝一群人困在林中，不断地逼迫皇帝交出传国玉玺，将皇位禅让于他。将军不断地威胁皇帝，称已派人回京城与皇城禁卫军谈判，后者已经完全效忠于他，若乖乖让出皇位，还可送他去偏殿养老，若妄想抵抗，则只有死路一条。

原本皇帝还很惊慌，可是听到将军这番威胁之语后，却放下心来。

原来，皇帝早已得知，皇城禁卫军正在赶来救驾的路上，他担心将军会察觉到这个消息并布下重重埋伏等待大军落网，可是，将军的这一番话却暴露了自己对真正的战况根本一无所知。皇帝安下心来，一边与将军周旋，一边等待救兵。果然，蝉螂捕蝉，黄雀在后，大军来袭后，将军一众被一网打尽。

你在威胁他人的时候，其实是在释放一种"惩罚"的信号。如果没有十足的把握，不要自作聪明地去编造一些不存在的事实去威胁对方，这很有可能会暴露出你的致命弱点。相反，如果你的威胁具有可信性，引得对方深信不疑，对方往往会主动让步。

某公司高管王林辞职后开始了自己的创业之路，不出一年他便创立了属于自己的公司。新公司急需一批办公电脑，王林与一家专门卖电子产品的商场达成了合作意向，双方接洽过几次后，便开始了谈判。谈判之前，王林留了个心眼，他通过各种渠道暗暗打听到，这家商场开业的时候进了太多电脑，但销路不如预期，几年下来已经积压了很大一批存货。带着这个好消息，王林开始了与对方的谈判。

谈判过程中，王林一直摆出一副居高临下的姿态，坚持着己方提出的低价丝毫不退。商场方的表现也一直强硬，谈判很快进入了僵局。王林注意到，商场方几个负责人凑在一起嘀咕了几句后，其中一个人站起来说："贵公司如果再不提高价格，我们不得不忍痛放弃与你们的合作了，我们这边好几个客户等着和我们签合约呢，大家别浪费时间了，给个痛快话吧！"

王林心里冷笑，看来对方正在给自己施压呢，他慢悠悠地答道："你们若想终止合作我们也没有什么意见，毕竟想要和我公司合作的供货商也多得很呢！既然你们已经表明态度了，不如结束谈判吧。"

商场方傻眼了，原本是想"威胁"对方，想不到反被威胁了。不出一天，商场方的负责人找到了王林，表露出强烈的合作意向，王林如愿以偿，以优惠的价格做成了这笔生意。

没有人喜欢被威胁的感觉，他们做出让步，往往是基于某些现实因素的考虑。你的威胁之语千万不能无中生有，否则必然会激怒对方，也会让谈判瞬间破裂。当你准备去威胁别人的时候，首先考虑清楚你是否真的抓住了对方的把柄，你的威胁是否拥有足够的杀伤力，如果没有，还是别轻举妄动的好。

为了促使谈判成功，你可以在事前做好足够的准备工作，这能确保你的威胁真实可信。

这几天，A市很热闹，当地政府办公大厅里挤满了从各国各地赶来的供销商。原来A市计划在郊区修建一座炼钢厂，需要采购很多大型轧钢机，为了找到最合适的合作方，当地政府举办了一场招标会。实际上，很多官员一致认定，德国制造的轧钢机质量最好，是最优选择，之所以不直接找德国供销商合作，反而煞费苦心地举办招标会，其实是另有目的。

原来德国供销商的报价实在是太贵了，远远超出了当地政府的承受范围，为了能够以最低的价格采购到德国产的设备，他们想出了一个妙招。

当德国供销商赶来的时候，发现投标名单中并不包括德国，不仅如此，负责招标的官员也屡屡回避此事。这时候，英、美、日等其他国家的供销商皆提出了报价，这让德国供销商急得团团转，情急之下，他闯入了采购官员的办公室，想讨个说法。

那位官员沉默不语，只是拿出了各国的报价单，随后提出，如果对方能够提出一个合理的价格，当地政府很愿意和他合作。

德国供销商迟疑了，声称要回去想一想。快到下班的时候，他又找到了采购官员，说自己愿意以低于原报价单最低价格的百分之五的价格来表现合作的诚意，官员一脸惋惜，声称他来迟了，当地政府已经决定明天就与英国供销商签订合同。德国人急了，说自己愿意再让一步。官员心里暗喜，表面上却不动声色，他又提出如果对方真的想得到订单，付款方式还得变一变，得由交付全款变成分期信贷的方式。德国人咬牙同意了官员的要求，双方最终达成了合作协议。

当地政府的"威胁"策略之所以生效，是因为他们知道在国际市场上，大型轧钢机的销路并不理想，德国人想要抓住这笔大生意，就必须妥协。

想要实现利益最大化，你可以采取威胁的方式，去逼迫对方妥协。想要将你的威胁变成一把锋利的匕首，准确无误地插入对方的心脏，首先得保证你的威胁具有百分之百的可信度。

谈判中说"不"的技巧

在谈判中，处处有妥协、有让步，处处也有回绝、有推拒。当感觉到利益被侵犯的时候，你当然拥有说"不"的权利，但为了使谈判顺利进行，你还得掌握"不"的技巧。有的谈判新手们拒绝对方的时候，态度不是激烈武断，就是死板粗鲁，不仅破坏了这次的谈判，还断绝了以后合作的机会，可谓是得不偿失。

拒绝的时候要讲究技巧，既要审时度势随机应变，又要有礼有节符合常理，还要切记一定留下回旋的余地，不要将话说得太死，这样谈判成功的概率就会大大增加。你要记住，双方进行谈判，最初的目的就是为了能够顺利地进行合作，而谈判的过程便是通过讨价还价，双方最终达成一致目标的过程。你的所有举措都要围绕着这个目标来实行，当然，是在守住底线的前提下。

若对方触碰到你的底线，你当然有必要说"不"，但要注意态度和技巧。比如说，若你是谈判代表，面对对方出价太低的情况，你完全可以使用各种委婉的言辞表现出你的难处，并趁机标明你方可以承受的底价范围，促使对方"收回成命"。你要明白，谈判桌上的价格问题并不是一个无法跨越的障碍，双方通过讨价还价，一定能够协商出一个彼此都可以接受的价格，你所要做的，是要去努力去争取最大的利益。

郑恺是一位谈判高手，他深谙谈判桌上的各种拒绝技巧。有一次，他作为谈判代表与某公司进行谈判的时候，对方不依不饶，砍价实在太狠，自己实在是满足不了对方的条件。

见对方咄咄逼人的样子，郑恺按捺下情绪，礼貌地说道："很抱歉，并不是我方不愿意接受贵公司的条件，而是您提出的价格实在是超出了我们的承受能力，也许外面有很多家公司会不负责任地同意您提出的价位，但是我敢保证，这一定是在使用劣质原料降低生产成本的基础上实现的。但我们公司不会这样做，质量是我们最高的追求。"郑恺全程保持着礼貌，面对他的拒绝，对方第一时间表示了谅解，谈判又愉快地进行了下去。

有一次，在谈判桌上，谈判对手对郑恺公司产品的知名度提出了质疑，为了回击这一说法，郑恺坦然道："您的顾虑我们也理解，毕竟我们的产品确实比不上某些大牌有知名度，但这并不是因为我们产品的质量不如它们，而是因为公司老总不愿意在宣传上浪费过多的经费，我们所有员工也一致认为，只有将所有预算都运用在产品的研发上，才能保证产品的质量、功能、外观等各方面都一直占据市场领先地位。事实证明，我们的产品经受住了市场的考验。"一席话说下来，对方也不由得伸出了大拇指。

很多时候，坐在谈判桌对面的对手总比我们想象中的难缠，他们也许会用各种借口去打压你的谈判团队，这时，我们不妨采取案例中郑恺的方式来回击，或委婉地阐明立场，或以肯定的方式来回绝。当然，我们也可以找出各种理由来"光明正大"地拒绝对方，比如必须遵守的法律法规、制度条例等。

在对方提出不合理的要求的时候，我们可以说些能够引起共鸣的言辞来拒绝对方，满足对方渴望被了解、被认同的心理，取得对方的信任后，再趁机表达出不同的看法。你可以表达某些含有弦外之音的话语，让对方自己去领悟。你也可以随时展现出你的机智幽默，运用恰到好处的幽默语言来拒绝对方，既不会让对方难堪，也减轻了他们心里不快的情绪。

立帆的工厂主要生产洗发水，市里一家洗发水公司长期与他们合作。有一次，那家公司的产品经理来工厂里抽检样品的时候发现了一瓶洗发水的分量低于标准，立刻不依不饶地吵了起来，要求工厂赔偿经济损失。

　　面对这种情况，立帆慌了一下，然后冷静了下来，微笑着说："美国有一家军工厂，专门为国家空降部队生产降落伞，军方代表在抽检中得知，军工厂生产的降落伞中存在着不合格的产品，尽管概率只有万分之一，军方代表还是勃然大怒，这毕竟人命关天。他们规定，以后要以军工厂的负责人亲自跳伞的形式来抽检产品。那以后，降落伞的合格率变成了百分之百。"

　　见那家公司的产品经理听得很入迷，立帆笑着说道："请你们将那瓶分量不达标的产品赠送与我，我将与公司的负责人一起分享，这可是个难得的好机会呢！我们工厂建立这么多年来，我还从没有使用过免费的洗发水呢！"立帆巧妙地避过了对方最初的要求，对方也知趣地绝口不提。

　　谈判桌上还存在着这样一些情况，那就是你提出的价位确实远远高于对方的心理价位，这时候不管你多注意拒绝技巧，还是无法成功地说服对方。这时候，你可以尝试着在口头上给予某些补偿和承诺，可能是某种利益，或者某种信息和服务，并再三说明你的苦衷，这样你便不会让气氛闹到太僵的地步，还有可能促成交易。

　　某男士剃须刀的生厂商为了达成合作，对合作商家说："价格实在是不能再降了，如果您同意的话，我们愿意无偿赠送电池，你们可以摆在店里零售，也可以搞促销赠送活动，您看怎么样？"拒绝的技巧有很多，你要慢慢地用心去琢磨。

"不同意就拉倒"的谈判策略

谈判很容易陷入僵局，如果费尽口舌、绞尽脑汁都不能成功地说服对方，谈判将会变成一场旷日持久的战争，最终会将双方都耗得筋疲力尽。为了避免这种情况出现，有时候，我们不必再遮遮掩掩、貌似客气，反而可以采取一种开门见山、直截了当的方式去加快谈判的节奏，同时向对方施压，以实现理想中的结果。可以用一句话来概括这种谈判策略，那就是"不同意就拉倒"。

当谈判陷入僵局的时候，为了打破僵局，你可以明确地表明：自己已无多余的选择，希望对方能够体谅并做出适当的退步，否则只能接受谈判破裂的结局。这种"以硬碰硬"的谈判策略是能够发挥出超越预期的效果的，只要你运用得当。

你完全可以在合适的时候摆出"不同意就拉倒"的姿态，要么可以逼迫对方妥协让步，要么可以避免谈判的无休无止，在某些情况下是十分有用的。

　　某家公司在与合作对象展开商务谈判的时候，因为价格的问题一度陷入僵局。双方都不肯让步，这家公司的谈判代表心里很着急，这种僵局不仅使自己很被动，还有可能耽误公司的生产，他可实在担负不了这样的责任。

　　他又努力了几次，可是磨破了嘴皮也无法说服对方，于是他不由得暗自下了决定。在与公司高层商量后，谈判代表直截了当地在谈判桌上抛出了"如果贵公司实在是不同意我公司的条件，不如宣布终止谈判"之类的决绝的话语。

对方很震惊，同时为谈判代表那种强硬的态度所震慑，不由得缓和了口气。当天晚上，合作单位偷偷地调查了情况，发现该公司已经在接洽另外一位客户，他们自然不愿意放弃这样一桩大生意，经过一轮紧急会议，合作单位的负责人一致决定，做出让步，接受该公司提出的价位。第二天，合作单位便联系了该公司，向他们通知了这个消息。一场持续了几个月的谈判就此圆满地结束。

对于博弈在谈判桌上的双方来说，合作共赢是最好的结局，而分道扬镳则是最令人失望的结局。既然决定了要谈判，大家当然都希望谈判能够进行，并能获得预期中的好结局。只是，双方都需要确保己方获得最大的利益，这样的矛盾注定了谈判桌上并不一定会时时保持着风和日丽，相反，"血雨腥风"反而是常态。

当你无计可施的时候，不妨尝试着去运用"不同意就拉倒"的策略，来促成谈判的早日成功。事实上，在生活中，很多人都会运用到这一招。当你和室友去买衣服的时候，如果你深谙砍价技巧，你会在提出一个可以承受的最低价后，耐心等待着对方的回答，如果对方表示为难，经验丰富的你一定会一脸惋惜地佯装要走，只是还没有走到门口，便会被店主叫住。通过这样的方法，你往往能够以最低的价格购买到心仪的服装。

当你去商店购买商品的时候，无论是家居产品还是电子产品，都会用标签明确地标明价格。这便隐隐透露出了一种"不同意就拉倒"的态度，如果你不愿意购买此商品，没有人会来委曲求全，跟你妥协让步或讨价还价。你喜欢这个商品同时接受价格，就可以直接去柜台付账；如果你认为价格超出预期，完全可以直接走开，干脆利落，毫不拖泥带水。

　　只是，在谈判中采取这个策略的时候，一定要有所准备，在时机成熟的情况下适当地运用，而不能盲目滥用，否则只会引起对方的反感，最终的结果也只是徒劳一场，一无所获。那么，什么时候才算是时机成熟呢？

　　谈判双方若实力悬殊，在谈判桌上的地位必定是一高一低。如果你是占有优势的一方，对方同时表达出了强烈的合作意向，不如适当地摆摆"大客户"的姿态和风采，以"不同意就拉倒"的谈判策略去给对方施加压力，迫使对方就范。纵使有"店大欺客"之嫌，在生意场上也在所难免。当然，你不能在谈判一开始的时候就表现出这样的态度，否则很有可能会引起对方的反感。

　　如果你是实力虚弱的一方，对方若一再挑战你方底线，态度一贯恶意满满，不妨勇敢地亮出"不同意就拉倒"的态度。不必怕失去大主顾，在这种情况下，就算谈判真的成功，你方也占不了丝毫的好处，反而处处吃亏处处受制。倒不如痛快地亮出底线，并向对方表示清楚，接受则是合作双赢，拒绝只好一拍两散。

　　当谈判场上的气氛陷入胶着状态的时候，为了打破冷场，你不妨去使用"不同意就拉倒"的策略，只是，在那之前，你要将利弊得失清清楚楚地摊在桌面上，逐条地剖析给对方听，确认对方确实认可、并接受你所灌输的种种信息，确定你说的话引起了对方的思索和重视，再瞅准时机抛出"不同意就拉倒"的策略，这样才能生效。

适时转移话题，可有效缓解气氛

　　1942 年，英国首相丘吉尔与苏联领导人斯大林在莫斯科进行了会谈，英方希望苏联同意放弃欧洲登陆，开辟非洲战场，斯大林明确地回绝了这个提议，双方谁也说服不了谁，谈判陷入了胶着状态。见斯大林铁青着脸一言不发，丘吉尔话音一转，及时地转移了话题。他提起了对德国轰炸的安排，斯大林脸上掠过一丝笑意，积极地加入了谈话中来。

　　两人聊着聊着，现场的气氛也缓和了下来。过了一会儿，丘吉尔见气氛酝酿得已经恰到好处，又提起了原来的话题，这一次，斯大林没有之前那么抗拒了。他沉吟着，缓缓地说出了自己的顾虑。丘吉尔接过话头，对斯大林晓之以情，动之以理，一番努力后，双方终于达成了初步的共识。

　　在谈判桌上，双方为了各自的利益，必定是寸利必争、寸步不让的。不同的立场导致的必定是激烈的讨论、对垒、博弈，现场的气氛自然会时不时地陷入僵局和冷场。一旦谈判陷入了胶着状态，是一件很令人着急的事情。但是这种状态又很难去解决，一旦有一方急功冒进，便可能使谈判破裂，双方都会落得"竹篮打水一场空"的结局。

　　但有些时候，适时地转移话题却可以让现场的气氛缓和下来，谈判也由此出现转机。心理学家发现，当人们的心情极度紧张之时，不宜受到刺激，相反，你可以尝试着去转移话题，从而成功转移对方的注意力，等度过了"情绪危急期"后，再坐下来继续原来的话题，往往会取得意想不到的效果。谈判桌上，这个技巧同样好用。

当谈判陷入了僵局时，不妨适时转移话题，让轻松的、愉快的、彼此都感兴趣的话题来打破这种胶着状态，迂回解决障碍。等对方情绪平静下来，现场的气氛重新缓和下来，再将原题摊在台面上，将双方矛盾和冲突点一一细致地谈清楚，更容易获得对方的认同和谅解。

当然，转移话题有着一定的难度，你得看准时机，找对技巧，否则不要轻举妄动。你选择的新话题最好是双方都感兴趣的、与谈判主题挨着边的，较为轻松愉快的，不要离题千里、莫名其妙地谈起一件毫不相干的事情。

我国深圳蛇口工业区曾在多年前与美国某跨国公司就"引进新型浮法玻璃"的问题进行了一场谈判。谈判进行得不是很顺利，尽管一路解决了诸多问题，双方还是在专利费用上起了争执，谈判迅速进入了僵持状态。

双方各不相让，眼瞧着就要谈崩，中方谈判代表袁庚先生适时转移话题，他说："在座的各位先生们，4000年前，我们的祖先成功地发明了指南针，2000年前，祖先们又发明出了火药，全世界的人类都在享受着这两项伟大成果，可祖先们从来没有讨要过专利费用。作为后代，我们也没有因此责骂过祖先，我们只觉得无比光荣……"

袁庚先生顿了顿，对美方代表说："请问诸位，那时候你们的祖先在哪里？搞不好还在树上呢。各位请看看自己的胸前，是否毛发旺盛。"

此言一出，场上的人哈哈笑起来。美国代表们下意识地看了看胸前，也撑不住笑了起来。

袁庚先生接着说道:"各位不要误会,我们可没有逃避专利费用的意思,我们只是要求公平合理而已。"他继续说起了谈判的主题,在一片融洽的气氛中,美国人不由得竖起了大拇指,为袁庚先生的坦率与机智赞叹不已。谈判也因此顺利地进行了下去。

转移话题之时,可以运用幽默来、让气氛更加轻松融洽。适当的幽默能显示出你的机智与高情商,能巧妙、有效地反击对方,还能给对方留下好感。在处于劣势的时候,不要怒起争执,这样只会激化矛盾,不妨说个"段子",抖个"包袱",运用幽默的语言来"润滑"一下气氛,转移一下注意力。对方若配合你的"演出",气氛就能彻底地变得融洽了。

某市两大公司因某个项目进行了谈判,实力较弱的公司很快就落入了下风,面对对方的咄咄逼人,这方的谈判代表刘经理想法将话题转移到了对方的谈判代表李总身上,他说:"李总,听说您是属虎的?您的公司上下一派龙马精神,虎虎生威啊!"

李总是个聪明人,立马接话道:"多谢多谢,谬赞谬赞!可惜我一回家,就成了病猫。"

刘经理不解,问道:"李总何出此言?"

李总故弄玄虚道:"这话你得去问我老婆!我们俩属相相克,我是她的手下败将!"

"那您的夫人属什么?"

李总无奈地摇摇头,说:"她可是属武松的啊!"

所有人都笑了起来,为这两人的"一唱一和"鼓起了掌。

谈判的最终目的是为了合作共赢,双方都不希望谈判破裂。尽管对方知道你是在转移话题，却也乐于配合，希望局势缓和下来。而那些一来一往的幽默话、俏皮话能够迅速地拉近双方的距离，为谈判的成功赢得先机。当然，你转移话题的时候一定要看准时机，对于话题的选择也要多加注意，不要得不偿失，反而将谈判推向难以挽回的境地。

设定最后期限，用最短的时间结束持久战

著名的谈判专家科思说过："除却信息和权利，时间也是影响谈判结果的主要因素之一。"当谈判陷入僵局之时，不妨丢给对方一个最后期限，采取心理攻势，可促使谈判在最短时间内取得成功。

在生意场上，我们经常听到下面这些话：

"如果贵公司不在三日内给予我方回复的话，我方将另寻合作。"

"希望贵公司能够在一个星期内付清货款，否则我方将无法按时提供货物。"

"公司希望在明天下午五点前接到你的电话，不然只能请你去别处高就。"

……

在谈判桌上，如果不设置一个最后期限，谈判双方容易困在僵局中"无法自拔"。不如利用最后期限，给予对方一定的心理压力，逼迫对方做出选择。随着最后期限的临近，对方就会变得越来越紧张、焦灼，不得不去做最后的决策，即使这个决策对他而言并非有利。

当谈判变成一场持久战的时候，耗费的是双方的时间和精力。这对于双方而言，都不是一件好事。当谈判陷入僵持状态，而我们又是实力

较强的那方的时候，不妨向对方扔下一个最后通牒，在心理上步步紧逼，迫使对方同意己方条件。这是谈判桌上最值得称道的防守和进攻方式。

美国底特律汽车制造公司曾与德国某家公司就一笔生意展开了合作，合作之前，双方曾经历了多场激烈的谈判，好不容易才促成合作。当时，双方意见迟迟达不成统一，拖延了整整一个月的时间还没半点眉目。底特律汽车制造公司急了，为了不耽搁公司的正常运转，源源不断地接起了别的公司的订单。面对德方的质问，底特律汽车制造公司的总经理冷冷道："你方最好还是抓紧时间，尽快予以回复，如果你们还是做不了决定的话，五天内这批货必然断销。"

德方傻眼了，赶紧召集高层开了一夜会议，最终只得无奈地接受了汽车公司的所有要求，这场谈判因此宣告结束。

当你方设置最后期限的时候，最好不要让对方早早察觉到你方的意图，以免他们有所准备。不妨采取"突然袭击"的方式，在对方毫无心理准备的时候提出，让对方陷入措手不及的状态，这时候再一步步利用语言攻势，逼得对方不得不主动"议和"。这时候，你尽可从容地提出己方的要求，相信对方在经济利益和时间限制等多方面的驱动下，不得不点头同意。

如果对方有一个谈判的最后期限，一不小心被你知道了，你完全可以利用这一点大做文章，将时间拖到最后，逼得原本占据主动地位的对手不得不主动要求洽谈。因为在谈判的最后期限，在愈发紧迫的时间中，只要你比对方更能沉得住气，你往往就会等到对方的屈服。

迈克是美国某公司的商务代表，一个月前，他曾飞往法国与当地一家公司进行了贸易谈判。当他下飞机的时候，法国公司早已派人在机场等候多时。法方将迈克安排进一家五星级酒店，热情周到的服务让迈克倍感欣慰。酒店人员在送餐的时候无意问道："请问您何时回美国？到时候酒店方面可为您安排车辆送您去机场。"

迈克挠挠头，说："我十天后会回到美国，希望你们能够尽早做出安排。"酒店人员点点头后便离去了。谁知道这一切都是法国公司的安排，他们由此清楚了迈克具体的回程时间。法方心里有了底，既然迈克只有十天的谈判时间，他们完全可以利用这一点让迈克就范。

法方特意为迈克安排了一大堆的活动，游览名胜古迹，参加豪华派对，甚至参加演唱会，却绝口不提谈判的事。每当迈克提起，法方代表总会含糊其词，一笔带过。到了第八天，迈克受不了了，他强烈要求尽快安排谈判，法方这才安排起来。尽管正儿八经坐到了谈判桌上，法方代表却只在一些无关紧要的问题上打转，到了第九天，才谈到关键性的问题。

经过整整一天的讨论，双方争执不下，毫无进展。眼见着法方一副气定神闲的态度，迈克心急如焚。到了第十天，法方客客气气地将迈克送到了机场。在飞机起飞前的10分钟，迈克最终同意了法方的条件，仓促地在合约上签了字。

在向对方发布最后通牒的时候，态度要得体，言辞要恰当，更要掌握技巧和分寸。如果你言辞过激，气焰嚣张，一副小人得志的样子，很容易挑起对方的愤怒，伤害对方的感情。如果对方因此生出了"宁为玉碎不为瓦全"的情绪，岂不是得不偿失？所以说，你要学会"看人下菜碟"，认真地揣摩对方的心理，斟酌你的言行举止，在给对方施加压力的同时，注意保全他的颜面。必要的时候，为了安慰对方，你还可以做出适当的让步，"软硬兼施"，方能达成目标。

如果你是被下最后通牒的那一方，你该明白这只是对方的心理攻势。你绝不能表现出一丝一毫的软弱，否则必会被对方欺负到毫无还手之力的地步。当然，具体的应付对策得根据具体的情况来制定。总而言之，无论你处于哪一方，都要保持冷静，尽全力为己方争取利益。

第9章 临危不乱，陷入僵局时的破冰术

出口有误时，不要自己先乱了方寸

日常生活中，无论你如何地谨慎小心，都是免不了发生口误的。一旦说错了话，就可能造成无法挽回的损失。意识到自己说错了话，你可能会紧张、惊慌、羞赧，不知道该如何收场。这些都是人之常情，但无论怎样，都要先冷静下来，积极地开动脑筋，想办法去弥补自己的过错，以免授人以柄，因为一时失言给自己带来灾祸。

《甄嬛传》堪称前几年最火的一部古装剧，它展现的是一部血淋淋的后宫女人的争斗史。在那个红墙金瓦、辉煌锦绣的世界里，后宫的女人们个个都要谨言慎行，步步为营，生怕说错了一句话，行错了一步路。记得有一集，嫔妃沈眉庄一时失言，赞"后宫宠妃"华妃娘娘"国色天香，雍容华贵"，一句话便被对方抓住了话柄。

当着皇后和众妃嫔的面，华妃挑衅道："国色天香，雍容华

贵难道不是更适合皇后吗？"此话一出，沈眉庄便惊出了一身冷汗，她僵在那里不知该如何应对，要是说得不好，既得罪皇后又得罪华妃，甚至会引来杀头之祸。众人看着热闹，私下里嘲笑不已。危急关头，女主角甄嬛挺身而出，朗声道："皇后母仪天下，华妃娘娘雍容华贵，臣妾们望尘莫及。"这才成功地为沈眉庄解了围。

若是一时失言，千万不要过分惊慌，你越是慌乱，造成的负面影响就越大。很多时候，言语上的失误都可以用另一些言语来遮掩弥补，只要你够镇定、够机智，你完全可以在失言的当下就为自己"将功赎罪"。如果你愣在那里，或者逃避自己的失言，只会让自己、让别人更难堪。正如过错发生后，自怨自艾是没用的，你得想法积极补救，或许还能力挽狂澜、扭转局面。

很多人随机应变的能力是很强的，即使出口有误，也能用巧妙的言语遮掩口误，降低或消除后面的一系列不良影响。如果你处事的应变能力没有那么强，从现在开始，就要下意识地去训练，去储备经验，预备着有一天能派上用场。

李颖是一名婚礼主持人，最近她在主持一场婚礼的时候却出现了口误，差点砸了自己的招牌。幸亏她一向聪明机智，又经验老到，成功地拿话掩饰了过去。谈起这次有惊无险的经历，李颖还是有点后怕。那一天，在悦耳温馨的音乐声中，李颖站在舞台中央，深情地说道：这一对相濡以沫的年轻人走过了恋爱的季节，就此迈入了无比幸福的婚姻。你们就好比一对旧机车……"

台下窃窃私语起来，李颖瞬间意识到自己说错了话。这句不伦不类的祝福词让那对新人迅速地拉长了脸，双方父母脸上也很不好看。李颖的心"咯噔"了一下，心里懊悔到直想给自己抽个大嘴巴。她原本想将新郎新娘比喻成"新机车"，希望他们能够在婚后的日子里少些摩擦，多些谅解，却一不小心说成了"旧机车"。

李颖不愧经验丰富，她在第一时间冷静了下来，迅速组织好语言，满脸微笑道："你们携手走过了那么多年的风风雨雨，就好比一对旧机车安上了新的发动机，加上油门，开足马力，载着你们的爱情驶向天长地久……"顿时，台下掌声雷动，新人脸上也洋溢起了幸福的笑容，李颖悄悄地松了口气。

如果你不慎言语失误，惹怒了别人，尽量不要慌乱到失了分寸的地步。再焦急再烦恼也要想办法去解决问题，命令自己冷静下来，如同案例中的李颖一样，想方设法将失误的言语转化成美好的祝福，巧妙地改变自己被动的状态。有时候，尴尬认错不如将错就错，只要你够机智，你便能成功地绕开这些失误。

再会说话的人也难免会遇上出口有误的时候，但他们很少会因此而得罪他人，因为他们懂得如何运用如珠妙语去化解口误带来的灾祸。想要消除误会，你就不能失了分寸。一旦你过分慌乱，以至于延误了最佳的解释时机，你的声誉和形象可能会因此大受影响。很多时候，靠着灵机一动，就能将你的一时口误消弭于无形。

阮籍为人轻狂不羁，一向蔑视礼教，想到什么说什么，毫无顾忌。有一天，阮籍听说有人犯了杀母的大罪过，当着众人之面，他顺口道："要杀就杀父亲，怎能弑母？"一言既出，惹得大家对他怒目而视，纷纷窃窃私语起来。司马昭也在现场，不由责怪道："你这是什么意思？无论杀父还是杀母，都是天下最大的罪过！"阮籍见犯了众怒，及时找补道："禽兽只知有母，不知有父，杀了亲生父亲的，得称上一句禽兽，至于大逆不道弑母者，可谓是禽兽也不如。"

阮籍的话成功地平息了大家的怒火，大家纷纷称赞他说得有道理。

有的人虽然伶牙俐齿，天生能言善辩，却很容易说出一些不恰当的话。但他们往往能够在顷刻间扭转局势，将不恰当的话变得让人信服，这样的人才是舌灿莲花的代表，堪称激辩之才。若是说错了话，切记不可乱了分寸，越是在重要的场合就越要保持镇定。平心静气方能想出好办法，这样才能救自己于水火之中。

故意拿自己开涮解决冷场

在交际场合中，难免会遇到一些令人尴尬的事情，面对这种尴尬，很多人的应对方式是置之不理，殊不知这种处理方式不仅会让自己陷入尴尬中无法自拔，还极有可能会造成冷场的局面。另一些人的处理方式是，斤斤计较揪着刚刚的失误不放手，非但不能圆满解决事情，还会使局面更加难以收拾。

想要让场面再次活跃起来，不妨试着去拿自己开开涮，运用一种自嘲的方式去让尴尬变成笑声，让纠结化成春风，将一切不快、难堪都消融在温和融洽的气氛中。

自嘲是一种充满魅力的交际手段，而敢于拿自己开涮的人无疑有着豁达的心胸。

伟大的作家萧伯纳的剧本《武器与人》被改编成舞台剧后，在各个城市都展开了公演，反响不俗。当初这个剧本在首次公演时出现了一个小插曲，面对尴尬与冷场，萧伯纳选择了拿自己"开刀"，他毫不留情地讥讽着自己，成功地解决了这场风波。

首次公演的时候，在观众们热切的欢呼声中，萧伯纳徐徐走上舞台，正想发表一点感想，观众席上却突然传来了一个刺耳的声音："赶快滚下去吧！你的剧本简直糟糕透顶，你对得起这么热烈的掌声吗？你拿什么脸去接受观众的祝贺？"

热闹的会场顿时安静了下来，尴尬的气氛蔓延着。观众们惴惴不安地紧盯着舞台上的萧伯纳，等待着他的处理。预想中的"狂风暴雨"没有降临，萧伯纳反而对着那个出言讽刺的人鞠了一躬，随即笑眯眯地说："我的朋友，我十分乐于接受你的意见，但问题是，貌似只有我们两个人对这剧本持反对意见，我们能阻止这场舞台剧的演出吗？"

剧院里一片笑声，那个故意寻衅的人只能在旁人鄙视的目光中灰溜溜地逃了出去。

一些人可能会当众令你难堪，他们想要用侮辱、谩骂、嘲讽的方式去让你大发雷霆，如果你真的这么做了，只会变得愈发尴尬，这也是寻衅之人最大的目的，如果场面被搅乱了，整个气氛都降到了零点，不要将真正的情绪表现在脸上。这种时候，再生气也要及时冷静下来，别让愤怒冲昏了头脑。

想要让对方知难而退，与他据理力争乃至大吵特吵都是没用的。你越是怒不可遏，对方就越得意，你在众人眼里的形象就越是受到了抹黑。你大可以运用自我"开涮"的方式来解决这一切，明面上贬低、嘲弄自己，骨子里却是在反击、讥讽对方。你越是气定神闲，对方就越是气急败坏，别人被你逗得会心一笑的同时也会由衷地钦佩你的豁达与开朗、机智与大度。

对方若是咄咄逼人，冷言冷语不断，别和他一般计较，将辛辣的嘲讽融于幽默的话语中，轻飘飘地向他"砸"过去，看他如何应对。老实说，如果你要是大发雷霆气得面红耳赤，你就已经输了，你难免会成为大家口中"失人又失阵"的怨妇。我们完全没必要和对方"硬碰硬"，不是说你一定骂不过对方，只是在你骂出口的那一刹那，你就已经丢了风度。

不顾体面和对方大吵大闹的情况太多了，可惜围观的"吃瓜群众"们向来不管事情的对与错，他们只负责看热闹。想要破除尴尬与冷场，"蛮干"是无用的，得用"巧劲"。适当的时候，拿自己开涮，既能够有效地反击对方，又能够将场面的控制权牢牢掌握在手中，还能够引得"吃瓜群众"们的笑声与好感，可谓是一举三得。

著名演员葛优常年保持着光头的造型，早期的时候经常受到调侃，葛优既没有回避这个话题，也没有当众生气翻脸，反而摸着自己圆溜溜的脑袋，用铿锵有力的北京方言一字一句道："热闹的马路不长草，聪明的脑袋不长毛！"逗得众人前仰后合。喜剧演员潘长江个子矮小，他经常拿这点来自嘲："浓缩的都是精华！"亲和力满满的，颇受观众欢迎。

每个人都有自己的短处与长处，有些人经常会因为自己的缺陷受到别人的嘲笑，他们却很少因此而真的动怒。被调侃被群嘲的时候，大度的人一笑了之，或者主动掺和进来，为博众人一笑不惜拿自己开涮。久而久之，再也没有人嘲笑他的缺陷，他的那些短处和缺陷甚至成为他个人的独特标志。

还有的时候，别人也许并不是要存心嘲笑你，只是一不小心将你推入了尴尬的境地。你若勃然大怒，反而会将场面闹到不可收拾的地步。不如勇敢地拿自己开涮，用笑声解救冷场的局面。所谓"一笑泯恩仇"，任何尴尬和误会遇到了笑声，也将消失于无形。

在公众场合，冷场最要不得。想要救场，你不妨"牺牲"自己，拿自己开涮，博得他人一笑。你的豁达和机智最终会为你赢来更多、更好、更牢固的人际关系。

被人捉弄出尽洋相也不要破口大骂

人们像鸟儿爱惜自己的羽毛一样爱惜自己的颜面和形象，尤其是在公众场合，更是小心翼翼、矜持无比，只想给众人留下最好的印象。试问，有谁愿意当众出丑？那种尴尬与难堪令人羞赧、激愤、怨恼，乃至锥心刺骨痛彻心扉。一个人脸皮再厚，也受不了当众出洋相，受不了旁人对他指指点点，嬉笑议论。

但很多事情不由我们左右，即使再小心，也存在着被人捉弄的危险。记得小时候，总有那么几个顽皮的同学想要用捉弄的方式跟你开个"善意"的玩笑。你可能走着走着，便被人故意绊倒，成功地摔了个大马趴；你可能打个瞌睡，便被人在脸上画了个"大乌龟"，成为众人的笑柄。今天有人抽走你身后的凳子，明天就有人在书包里放上一条逼真的玩具蛇……

长大后，那些顽皮的人的心智并没有成熟一点，因被人捉弄而出尽洋相的事情还是屡见不鲜。也许这些人并无恶意，他们的出发点就是要同你开个玩笑，并不是想存心陷害你。但是对于被捉弄的人来说，却是一种实实在在的伤害。自尊心越强的人，就越是受不了这种玩笑。然而，你要是沉不住气与对方争执不休，破口大骂，你的形象只会进一步地"崩坏"。

不管心里有多难受、多痛苦，都不要当众与对方生起争执，更不要用严厉、决绝乃至恶毒的话去骂对方。这样只会给周围的人留下这么一个印象：你这个人太小肚鸡肠，太斤斤计较，开不起玩笑。本来你是个受害者，却因为这副剑拔弩张的姿态变成众人眼中不可接近的人，实在是冤枉。

周末的时候，王亮约了球友们去篮球场打球，那天王亮手气比较臭，一连几个三分球都撞在了篮框上，他所在的队伍很快便输了。王亮又急又燥，脱了篮球衣，随手搭在长椅上，光着膀子运起球来。有个球友比较调皮，坐在长椅上休息的时候，掏出了随身携带的荧光笔，随手在王亮的篮球衣上的号码添了几笔，将"9"字变成了"9/3"，还在旁边画了个恶搞的表情包。

过了会儿，王亮穿上了篮球衣，并没有察觉到异样。球友们却纷纷指着他的篮球衣笑了起来。那个捉弄他的球友一边笑一边说："王亮，这个号码很适合你嘛！按照你今天的表现，你就是'9/3'号球员啊！"其他人也笑道："那个表情包也很像王亮的大头照嘛！"

王亮脸上一阵红一阵白，心里一股火冲到了嗓子眼，他脱下衣服狠狠甩在地上，高声骂起了那个捉弄他的球友。对方有点愧疚，道："算了算了，我就是跟你开个玩笑，晚上我请你吃饭，再赔你一件新球衣如何？"王亮却不依不饶，怒声道："有你这么开玩笑的吗？简直是智障！"那个球友不乐意了："至于吗？我不就是跟你开个玩笑嘛！"王亮冲过去想要打他，被人拉开，两人激烈地争吵起来。这一场骂战后，两个人算是结了仇，再也没有说过一句话。其他的球友都觉得王亮这个人太较真儿，脾气不好，也都渐渐地和他断了来往。

如果上例中的王亮能够稍稍沉住气，面对捉弄和玩笑能够一笑了之，相信他会获得很多真诚的友情。事实上，哪怕对方闹得我们出尽洋相，备受煎熬和伤害，哪怕所有道理都站在我们这边，你也不要冲动地去找对方算账。哪怕你"怼"得对方哑口无言，也会让自己尽失风度和人心，看上去和泼妇一般无异。

想要摆脱尴尬的境地，保全形象，可以从以下几个方面来入手。

一、平稳情绪，保持镇定。

若被别人捉弄至颜面尽失的地步，不要慌乱，手足无措，更不要气急败坏，破口大坏。前者会让人觉得你是个懦弱的软柿子，好捏；后者让人觉得你斤斤计较，咄咄逼人。你若是慌了手脚，说不定还会做出更大的糗事来。保持镇定的情绪，有利于我们判断局势，尽量减少事情的负面影响。

二、无法挽回局面的时候，果断地离开现场，阻止事态蔓延。

若实在是无法化解尴尬的局面，不如"脚底抹油，溜之大吉"。一般来说，只要事件的主角不在现场，人们的注意力自然也就会随之转移。时间会淡忘一切，层出不穷的新事件会很快让人们忘掉我们出洋相的那一幕。

三、放下高姿态，从心理上安慰自己，让自己不必介怀这样的事情。

很多人之所以受不了出洋相，是因为他一直将自己放在一个高高在上的位置。实际上，一个再仪态万千、优雅无比的淑女也免不了跌跤出丑。如果你凡事都以最高的标准来要求自己，稍微遇到点挫折就自怨自艾，仿佛是天大的、过不去的坎坷，在人生之路上一定会走得艰难无比。不妨告诉自己，你也只是个普通人，有些玩笑无伤大雅，有些失误在所难免，何况大家都很忙，没有人会将目光一直放在你身上。

四、顺势而为，开个玩笑，调侃一下自己。

出尽洋相的时候，想要赢回脸面，试着去运用幽默。若是被人捉弄至跌倒在地，不如尝试着开个玩笑："刚才地上有一张纸币，我刚想捡来着，大家都别抢啊，那钱可是我先看到的。"必能逗得大家哈哈大笑，在爽朗的笑声中，大家只会记得你是个豁达、有趣的人，谁还会在意你摔个"狗啃泥"的尴尬？

采取灵活的措施应对别人的当众指责

说话这门学问是你生活幸福的保障，是你事业成功的资本。一个会说话的人，必然拥有着和谐融洽的人际关系和饱满自信的精神状态，他们口才卓绝、极富魅力，既能驾驭自我又能影响他人。

会说话的人，一张嘴就能抵得上十万雄兵，他们借助妙言，既能"锦上添花"，又能"雪中送炭"；既能解他人之燃眉之急，又能救自己于水深火热之中。

在人生的道路上，我们也许会受到别人的赞赏与肯定，也难免会遭到别人的误解、非议和责难。别人的指责通常会让我们怒火攻心，倍感委屈。尤其是在公众场合，那些犀利的话语让我们恨不得找个地缝钻进去。

很多人都有过被人当众指责的经历，即使在他们看来，自己并没有做错什么事情。另一些人利用自己超然的社会地位,脾气就像火山一样一点就着,但凡不合心意便是一通指责与谩骂,无论占不占理,都显得太过盛气凌人。

说话的艺术告诉我们,批评、指责别人的时候要讲究技巧,同时,被批评、被指责的时候也要讲究技巧。若被人当众指责,实在是很丢面子的一件事情。性格懦弱的人会因为对方的疾言厉色而惴惴不安、瑟瑟发抖;性格刚强的人却不甘示弱,宁愿和对方大吵一架也不愿忍气吞声。前者任人欺负,后者激化矛盾,都算不上好的解决办法。

事实上,根据指责对象、指责原因的不同,我们也要随时转换我们的应对措施。硬碰硬的话吃亏的只能是你,想要让对方平心静气乃至心悦诚服,你的态度得真诚。

于琳在商场里开了一家服装店,一天,店里来了一位女顾客。于琳见营业员们都忙着其他的事情,便亲自接待了她,态度热情而亲切。那位女顾客十分挑剔,接连试了好几条裙子都不满意,于琳没有流露出一丝一毫的不耐烦,反而尽心尽力地为她拿来各种款式。这时候,另一位顾客走进了店里,于琳腾出空来,又向另一位顾客推荐起服装来。

之前的女顾客迅速黑了脸,嚷嚷道:"还有没有个先来后到的规矩啦?这就是你们店的服务态度?"于琳忙活了好半天,早就累得口干舌燥,她压下了火气,对那位女顾客说:"对不起,是我不对,店里生意太忙没照顾到您,请您原谅!"女顾客的火气消了,不好意思地说道:"我刚刚口气也有点重,您别介意。"后来,这名女顾客成了于琳店里的常客。

面对对方的指责,不管有理还是无理,他肯定有他的理由。首先得避免直接冲突，你得想方设法去熄灭对方的怒火。很多人生来"吃软不吃硬"，你若一味地针锋相对、寸步不让，反而会叫对方恼羞成怒，不如学会"以柔克刚"，用和气与真诚感化对方的戾气，让对方再无生气的理由和动力。

每个人都有自己的立场，每个人也都发自内心地觉得自己的想法才是正确的。人们只能看到别人的短处，却看不到自己的短处。面对对方的指责和批评，也许你委屈，你不愤，但若尝试着站在对方的角度上想一想，也许也有几分道理。有些人为了维护自己的面子，一定要与对方据理力争，抗争到底，结果导致双方都深困于难堪的局面下不了台。

> 立峰在一家广告公司工作，每天都为广告策划案忙得团团转。有一天，立峰和主管在组内会议的过程中吵起来了，原来主管将立峰全权负责的一份产品策划书批评得一无是处，还指责他做人做事都华而不实，太好出风头。立峰很生气，口不择言道，主管是妒忌他的才华才会出言中伤他。两人吵得很厉害，最后立峰拂袖而去。
>
> 后来，立峰还是将那份产品策划书按主管的要求一一进行了修改，也获得了客户的认可，但是他与主管的关系却回不到以前了。主管再也不当众指责他，也很少和他说话。同事们见主管不搭理立峰，也都主动与他疏远了起来。被孤立的立峰一气之下离开了公司，很长时间里都没有找到合适的工作。

即使我们确定自己并无错处，面对别人的批评与指责，也要保持冷静的态度，谦和地去应对。人际交往有时候并没有那么单纯，我们不仅要顾及自己的面子，还要顾及他人的面子，这样才不会树敌。若对方比我们地位高，则更要明里暗里地去维护对方的尊严。面子很重要，人际关系更重要，我们不是小孩子，为了面子饿肚子是很愚蠢的一件事情。

　　如果我们真的做错了，请真诚地道歉，积极地补救，还是能够给别人留下知错就改的好印象。如果我们并没做错什么，不过是白白担了冤枉，那么不要与对方一般见识。他糊涂，你不糊涂，保持谦卑的态度，低调接受对方的指责，让对方有个台阶下，这件事也就到此结束了。你若争执不休，非得为自己争个"清白"，只会白白吃亏。何况，假如真的咽不下这口气，可以私下里找到对方，委婉地告诉对方，别当众让对方难堪就好。

　　再锋利、坚硬的石头落在棉花上，也会被棉花轻松包围。面对指责，最好采取"以柔克刚"的策略，方能"四两拨千斤"，成功地控制住事态；若以硬碰硬，明里暗里你得吃更多的亏。没必要将面子放在第一位，当然，这不是在劝你枉顾尊严。如果有的人存心不良，故意要让你难堪出丑，也别客气，指出他话里的漏洞，将他的居心展现在大家面前。这时候，自有人会替你谴责他。

面对奚落，顺水推舟巧应对

　　在社交场合，遭人抢白受人嘲讽都是常有的事，我们不可能和每一个人都保持良好的关系。面临羞辱，我们该如何应对呢？睿智的人会运用巧妙的语言为自己筑起一道防卫的堤防。他们会充分调动智慧，用以改变自己的被动地位。所谓"兵来将挡水来土掩"，无论发生什么情况，都应当保持平静，将奚落原封不动地奉还给对方。

　　如果你暴跳如雷，则正好落入对方的"圈套"。判断清楚对方的来意，若他故意挑衅，不要客气，有理有据地回敬回去，让他"吃不了兜着走"。

有一次，一个美国记者在采访周总理的时候，看到办公桌上摆着一支美国派克钢笔，不由讥讽一笑，蔑视道："尊敬的总理阁下，你们中国人为何要用我们美国的钢笔呢？"言外之意是讥讽中国没有好钢笔。周总理口气淡淡地说："提起这支钢笔，话就长了。当初一位朝鲜朋友将它送给了我，说这是抗美的胜利品，我嘛，是无功不受禄，一开始还不想收，可是这位朋友说，不如留下做个纪念。我觉得很有道理，就收下了贵国这支钢笔。"美国记者脸上一阵红一阵白，不知道说什么话好。

英国前首相威尔逊在竞选的时候，正说得慷慨激昂，突然底下有个人尖声叫嚣道："狗屎，大垃圾！"现场安静了下来，观众们担心地看着威尔逊。威尔逊本人却风趣回敬道："这位先生请别着急，您刚刚提出的脏乱问题，就是我接下来的演讲内容。"那个人再也不敢捣乱，哑口无言地怔在原地。

受到别人的奚落和嘲讽，若是一味地忍让和逆来顺受只会增长对方的嚣张气焰，你得想个法子有力地回击对方，让他尝尝你的"厉害"。通常"以牙还牙以眼还眼""以彼之道还施彼身"是个好办法。别人嘲讽我们的时候一般会针对我们的某个缺陷，大肆宣扬、贬低，这时候，不妨顺水推舟，运用机巧的语言将对方的奚落"反弹"到对方的身上。你要不动声色，再顺势开个玩笑，噎得他无话可说才好。

顺水推舟是一种隐形的反击，用得好了，将产生绝好的效果。很多人都无法做到面对奚落和嘲讽时无动于衷、一笑了之，你若在公众场合和对方"撕破脸"则会变得更加难堪。最好的方式便是顺水推舟，运用巧妙的语言来回敬对方。你可以将回击包藏在一个玩笑中，打得对方措手不及，别人不但不会觉得你小气，还会被你的机智与幽默深深折服。

解缙是一代诗词名家，他亲自主持编纂了被学术界誉为"辑佚古书的渊薮"的《永乐大典》，在文学史上功绩卓著。幼年时期，解缙是远近闻名的"神童"，自幼聪颖机智，勤学苦读，还不到七岁就向世人展现出他的才华横溢。当时，朝中的李尚书告老还乡，一路上，他不断听到人们称赞解缙的聪颖与好学，不由得对这个"小神童"产生了极大的兴趣。

李尚书对解缙的才华半信半疑，总觉得是世人谬赞。他一回到家乡，就安排了一场宴席，派人将当地的权贵、有名的读书人通通请了一遍，还请了解缙。他想借这场宴席考验解缙一番，看看他是否真的如世人口中那样聪慧。

解缙如约来到了李尚书的府邸前，却见大门紧闭。仆人候在门边，将解缙引到小门前，斜着眼道："从这儿进吧。"解缙一脸愠色，随即又平静心情，淡淡道："这就是贵府的待客之道吗？请将主人请出来，我有话问他。"他坚持不入，仆人没有办法，去请示了李尚书。李尚书匆匆赶来，见解缙是一个满脸稚气的小孩子，不由讥讽道："小子无才嫌地狭。"谁知解缙脱口而出："大鹏展翅恨天低。"

李尚书有点惊讶，令人打开大门，恭请解缙进府。刚入席，只听一纨绔子弟挑衅道："听说你母亲在家里做豆腐，你父亲在街上卖豆腐，一家人以此为生。何不用你父母的职业来做个对子给大伙儿听听？"解缙知道对方是想嘲笑自己家贫，他并没有生气，略一思索，便顺水推舟道："肩挑日月上街卖，手把乾坤日夜磨。"那人败下阵来。

另一人见解缙穿着绿色棉袄，故意摇头晃脑道："井里蛤蟆穿绿袄。"解缙一看对方穿着红袄，毫不客气地回敬道："锅中螃蟹着红袍。"那人怔在那里，不知道说什么好。李尚书亲自出马，他一手指天，得意扬扬地说："天作棋盘星作子，谁人敢下？"谁知解缙朝地下狠狠地踩了一脚，冷冷地回敬道："地作琵琶路作弦，哪个能弹！"噎得李尚书脸红脖子粗，说不出话来。

宴席快结束的时候，李尚书拿来文房四宝，要求赠联助兴。解缙挥毫泼墨，随意写道："墙上芦苇，头重脚轻根底浅；山间竹笋，嘴尖皮厚腹中空。"写完便扔下笔自顾自地离开了宴席，闹得众人尴尬不已。

若被别人嘲笑奚落，不要伤心气恼，也不要主动进攻，出口伤人，你应当练就机智的语言去巧妙应对各种难堪的场面，只有这样才能取得真正的胜利。

巧妙应对令人讨厌的交谈

在交际场上，若能毫无顾忌地敞开心扉，畅所欲言，可谓生平一大快事也。与八面玲珑、谈笑风生、妙语连珠的人进行交流，是精神上的莫大享受。但现实是，在这个复杂的社会中，"事无不可对人言"是一种奢求。会说话的人太少，咄咄逼人者又太多。生活中充满了令人讨厌的交谈，让我们如坐针毡，唯恐避之不及。

如何去和自己反感的人交流？如何去面对那些令人讨厌的交谈？这

需要极高的技巧。

面对喜好八卦、道人是非者，明面上"哼哈"应对，暗地里敬而远之。

所谓"来说是非者，便是是非人"。这种喜欢在背后议论别人的八卦是非的人，嘴上往往没有"把门"的，他今天在你面前说别人，明天就有可能在别人背后说你。所以，别轻易地附和他的言行，将自己置于是非之地。也别真心拿他当朋友，和他推心置腹，无所不谈，否则你被人卖了还得帮人数钱。

若他在你面前谈论是非，不要过分热络，免得他把你当成一路人。也不要出口指责，得罪了这种人，绝对落不了好。明面上，你不妨"哼哈"应对，含糊其词，不正面表达态度。你一味地"哼哼哈哈"，他也拿你没辙，要么闭口不言，要么将话题转移。暗地里，你得悄悄和这种人划清界限，尽量避免和他来往，这样你的世界会清净、单纯很多。

面对咄咄逼人、嚣张好斗者，可巧妙应对，字字珠玑、句句真理，"怼"得他毫无还手之力。

曙光化工厂正在竞选厂长，到了最后阶段，只剩下了两名候选人——刚过三十岁生日的吴经理和年逾五十的于副厂长。年轻气盛的吴经理当着众人的面挑衅道："你说你都一大把年纪了，还和年轻人争什么？我觉得你也到了该回家含饴弄孙的时候了，不如就此退休吧，不然你就是当上了厂长，也是力不从心啊。"

于副厂长不急不躁，微笑着说："男人嘛，年纪越大越成熟，年纪越大经验越丰富。我觉得我还年轻得很哪，还能再拼个二三十年。我为这个厂操了一辈子心，要我回家抱孙子，我也放心不下啊。毕竟有些年轻人说话做事总是这么毛躁，我实在不放心把整个厂交到这种人手里。"

有些人最喜欢对别人挑三拣四，"一言不合"就蹬鼻子上脸。他们往往将自己视为真理的化身，认为自己应该是"众星拱月"般的存在。但凡他人的言行稍有不顺心之处，便横加指责，咄咄逼人，嚣张好斗。这种人越是在人多的场合就越是闹腾得厉害，常常想着通过给人挑刺而大出风头。他们不说话还好，一说话就会使会谈的气氛充满了火药味。

与这种人相处，不能软弱退让，一旦让对方瞧出了你的不自信，他们便会得寸进尺，逼得你一退再退。你也不能针锋相对，尤其是在公众场合，你越是气得厉害，对方就越得意。总而言之，不要轻易地与他撕破脸。不管对方如何说你，都要不动声色，运用巧言妙语让对方碰一鼻子灰。时间长了，他就知道你不好对付，再也不敢惹你了。

面对喜欢出风头、炫耀自己的人，不妨用或辛辣或幽默的讥讽之言让他多点自知之明。

孟非最善诙谐暗讽，运用巧妙的语言来发动攻势，让对方哑口无言。在经典节目《非诚勿扰》的某期中，一位女嘉宾态度高傲地对台上的男嘉宾说："你想带走我？我的理想型男人可一定要开B字头的车才行，这样才配得上我！你有吗你？"那位女嘉宾口中的"B字头"的车明显指的是奔驰与宝马，男嘉宾一脸尴尬地站在那里，很是下不了台。

孟非见到这种情况，机智地说道："其实我也有一辆B字头的车——比亚迪，既经济又实惠，男嘉宾你刚才在VCR里介绍说自己的车是别克，也是B字头的，可比我这比亚迪好多了。所以不用往心里去，没什么大不了的。"孟非一说这话，男嘉宾明显轻松了下来，女嘉宾却不敢再回击什么。

　　生活中我们总会遇到那种喜欢高谈阔论甚至夸夸其谈的人。他们实在是太热衷于自我吹捧、自我吹嘘了。他们习惯给自己的头上安上各种名衔，听得旁人脸红。实际上，这种人之所以会有这样的表现，在于他们既自卑又自负，想通过这种方式为自己增添关注罢了。

　　面对他们的那些夸耀之语，你不要随意加以肯定，这是在助长"歪风邪气"。你也不能当着众人加以驳斥，这样太损人面子。你可以巧妙地讥讽对方，"指点"对方，让他少点吹牛自夸，多点自知之明。

　　对信口胡说、满口假话者，可以抓住他话语中的某点漏洞，加以驳斥，让他不敢对你撒谎。

　　有些"撒谎精"说起谎话来一套一套的，从来不会觉得愧疚。面对这样的人，你不能纵容姑息，一旦抓住其话语中的漏洞，就要当场指出，让他心怀忌惮，再也不敢对你满口谎言。擅长说谎的人都有这样的本领：他们嘴里的谎言越是夸张，脸上的表情就越是兴奋，无比的"真诚"，"令人信服"。看破他们的谎言，义正词严地给予反击，是我们应该采取的正确态度。

　　社交场合中，有着各种各样的规则，想要游刃有余于社交场合间，就得去努力琢磨技巧，有意识地提升"功力"。不管你面对的交谈对象有多令人讨厌，你也得抑制住自己发火的冲动，全力维护好自己的形象。陷入难堪的时候，要用巧妙的言语来为自己解围，而不是懦弱地逃避，或者气急败坏。记住，幽默和机智会让我们变得更加迷人。

对无理取闹，不可针锋相对

再"行得正坐得直"的人也不免会遇到一些无理取闹者，你怎么跟他讲道理，他也只是胡搅蛮缠。面对这种人，不要将他们那些无理的话和举动放在心里。你应该冷静地待在一边，静观事情的发展，再根据对方的态度来随机应变。你若毫无顾忌地与他分辩，只能被对方拖入情绪的深渊。对方越是冲动愤怒，你就越得冷静克制，表面上彬彬有礼，骨子里寸步不让，他也没有什么办法。

当对方无理取闹、一味撒泼打滚的时候，你得避免和他对着干。冷静一点、宽容一点，你的人生之路会走得更加顺畅。寒山问拾得曰："世间谤我、欺我、辱我、笑我、轻我、贱我、恶我、骗我，如何处治乎？"拾得淡淡一笑，曰："只是忍他、让他、由他、避他、耐他、敬他、不要理他，再待几年你且看他。"这是极为通透的人生智慧。

有一个年轻人在大德寺听到一休禅师在讲佛法，不由得驻足听了一会儿。佛法博大精深，年轻人越听越觉得懊悔，他走到禅师面前，激动地说道："一休大师，您说的佛法点化了我，我以后再也不同旁人斤斤计较了！以前我好勇斗狠，听到别人大放厥词就忍不住要去据理力争，结果生出诸种事端，我决定痛改前非，以后哪怕别人将唾沫吐在我脸上，我也只会默默擦拭，不再找他麻烦了。"

一休禅师摇摇头，淡淡笑道："你错了，如果别人将唾沫吐在你脸上，你连擦拭也不必，就让它自行风干吧！"

年轻人有点不服气，问道："那别人挥拳过来怎么办？"一休禅师微笑道："由他去吧，只是一拳而已，如果对方没有触碰到你的底线，你就当他是一时失心疯，谅解他的行为吧。对付无理取闹之人，别和他斤斤计较。"

年轻人听了觉得很不合理，挥起拳头就给了禅师一拳。禅师不避不让，坦然承受，淡淡地说："你要知道，生活中那么多的矛盾和事端都是因为人性浮躁惹出来的，但凡人们多点理智，多点宽容，这个世界上就会少很多不幸。"年轻人若有所思地离开了大德寺。从那以后，他的脾气收敛了很多，只要别人没有触碰到他的原则和底线，他就不会斤斤计较于别人无理的言行。

如果你任由自己和一个无理取闹的"疯子"大吵大闹，那你和对面的"疯子"有何两样？睿智的人从不和愚蠢的人一般计较。想要保持理智，你要么选择转移注意力，要么干脆逃离现场，这能有效地避免矛盾。为了释放内心郁积的情绪，你可以找朋友倾诉一番，不要闷在心里。你还得不停地修炼你的涵养功夫，学会控制脾气，忍耐是非。

小不忍则乱大谋，让很多人都忽略的一点是，忍耐其实是一种绝好的策略。诸葛亮曾三气周瑜，但凡周瑜豁达一点，学会忍耐，也不会被活活气死。

当然，对付那些歇斯底里的无理取闹者，一味地忍让也是不行的，关键时刻，还得"敲山震虎"，让他明白你的底线。

比尔·撒丁是挪威著名的音乐家，在他成名之前，为了实现自己的音乐梦想，他曾前往法国，准备报考巴黎音乐学院。

年轻的比尔·撒丁满怀希望而来，却又满载失望而去。他没有通过考试，尽管他竭力去表现自己，主考官还是没有相中他。比尔·撒丁失魂落魄地走在大街上，脑子里挤满了纷乱的思绪。突然他停下了脚步，深呼吸了一口气，冷静地告诉自己，不管怎么样，先得生活下去。

此时的他一文不名，身上的积蓄也所剩无几。为了养活自己，他干脆在大街上拉起了小提琴。他拉了一曲又一曲，悠扬的音乐引得行人们驻足聆听，纷纷掏出钱包里的零钱，扔进了他面前的琴盒里。有一个无赖听了一会儿，掏出一张纸币，朝着比尔不屑地扔了过去。那张钱几乎甩到了比尔的脸上，又轻飘飘地落在了他的脚边。

比尔停止了演奏，他拾起那张纸币，向无赖礼貌地说道："先生，您的钱掉了。"那无赖接过钱，不屑地说："这是我赏给你的。"一边恶狠狠地将钱朝比尔扔去。比尔眼神真诚，不卑不亢道："先生，谢谢您的资助。刚刚您的钱掉到了地上，我帮您捡起来了，现在我的钱也掉到了地上，麻烦您也帮我捡起来。"

路人议论起来，看着比尔坚定的目光，无赖最终还是将钱捡了起来，放在比尔的琴盒中，灰溜溜地离开了现场。人群中有一双眼睛一直默默地关注着比尔，那人走到比尔的面前，原来此人是之前见过的主考官，他说比尔的乐观与豁达吸引了他，他愿意再给比尔一次考试的机会。后来，比尔如愿以偿地考上了巴黎音乐学院。

莎士比亚说过："人类与纯粹动物的区别是自我控制，如果不能进行自我控制，你和低等动物毫无分别。"面对无理取闹之人，要时刻保持理智，不要让对方攻破你的情绪防线。你和他大吵大闹，争论不休，只会损害自己的形象。除非你可以变得和他一般不讲理，否则你是吵不赢他的。忍耐，理性，不卑不亢，巧妙反击，才是你应该保持的态度。

让对方不失体面地收回"爱"

爱情是世界上最美好的体验，每个人都有爱与被爱的权利，当然，每个人也同时享有拒绝一份不想要的爱的权利。爱情很奇妙，人们总以为你遇到的是对的人，但缘分其实一直都没到。如果别人对你表达爱意，你却对他丝毫没有感觉，你该如何回绝？这个问题让很多人都深受困扰。

拒绝的话语总是会让爱慕者的心伤痕累累，纵使你不喜欢他，却又不想肆无忌惮地伤害对方，你因此陷入了两难的境地。在拒绝他人爱意的时候，你要特别注意自己的态度和措辞，这其中的分寸很难去掌握。你措辞太过柔和，会让对方误以为这只是你的矜持，根本无法打消他的幻想；你措辞严厉直白，就会显得不近人情，可能会严重地挫伤对方的自尊心。

想要让别人不失体面地收回自己的爱，需要很多技巧。很多人的爱慕对象可能是自己的好朋友，是一个班上的同学，是关系融洽的同事，这就更让那些被爱慕的人左右为难，如果他们稍微言语失当，可能就失去了一份真诚的友谊。没有人愿意将关系闹得这么僵。

有些人被表白的时候惊慌失措，这种情况下他们很可能会做下错误的决定；有些人收到这些不想要的爱意的时候却情绪激动，内心充满了反感，这时候他们很容易口不择言，出气似的用尖刻的言语去伤害对方。

也许很多年后，他们才会意识到自己当初的言行有多过分，可是伤害已经造成，后悔也于事无补。

　　林霞五官清秀，身材姣好，性格活泼外向，走在人群里很是亮眼。她家境不差，工作也很好，个人条件堪称优秀，围绕在她身边的追求者数不胜数。这一切都造就了她心高气傲的性格。在她的幻想里，自己未来的夫婿一定得是一位"白马王子"型的人物。她审视着身边的那些追求者，觉得没有一个能够达到自己的要求。她不愿意将就，一直保持单身。

　　在林霞生日的那天，她突然收到了一封短信，当时她正坐在办公室里和同事们聊着天。她打开短信瞄了几眼，突然气不打一处来。原来那封短信是同事刘晓杰写给她的一封情真意切的告白信。见她反应这么大，办公室的刘姐拿过她的手机，高声念起来："林霞，从我见你的第一面起，我就很喜欢你……"

　　办公室里的人纷纷笑起来，有人打趣道："林霞，你和晓杰很相配嘛，郎才女貌！"林霞冲到那人面前，怒不可遏道："你瞎说什么？刘晓杰算什么东西？配得上我？"她一把夺过刘姐手里的手机，当场给刘晓杰打了一个电话，冲着电话那头喊道："刘晓杰，你还真是'癞蛤蟆想吃天鹅肉'，你不掂量掂量自己几斤几两，居然想追我？你有房有车吗你？"

　　说着，林霞挂断了电话，犹自气得要命。刘姐有点尴尬，说："林霞，你这反应过激了吧，也不怕伤了人家小伙子的心，我看晓杰挺好的，家境虽然差一点，工作能力还是很出众的……"

　　林霞白了她一眼，没说话。第二天这事儿就传开了，晓杰不堪流言纷扰，最终离开了公司。公司里的人都在议论，林霞心气太高，为人势利刻薄，原本那些蠢蠢欲动的追求者们都死了心。

如果你实在是不喜欢别人，你完全可以选择拒绝，但是别随意去用过分的言语去伤害别人的尊严。即使对方不符合你的标准，你也无权去随意侮辱他的人格和自尊。对你怀有爱意的人并没有因此而低你一等，如果你觉得凭着这份爱慕你就可以随意践踏别人，那就大错特错了。用恶劣、侮辱性质的言语去随意伤害他人的人，不仅有失教养，还会因此失去身边人的支持。

语言是把双刃剑，你可以用它来鼓舞人心，催人上进；你也可以用它来摧毁他人的自信。人心总是敏感的，尤其是在爱情上，你自认为毫无紧要的一句话却会给别人带来莫大的伤害。想要让对方不失体面地收回爱意，或许你可以放弃直言明示，转而选择迂回暗示。运用巧妙的暗示，让对方明白你的良苦用心，这样既不会伤害对方，也可以保全你们之前的关系。

李嘉是一个可爱活泼的小护士，她像极了一只明艳快乐的黄鹂鸟，终日穿梭在病房间，礼貌又聪明，嘴甜得不得了，很讨人喜欢。很多同事都在偷偷暗恋着她。

星期五下班的时候，同一科室的于医生在走廊里拦住了她，红着脸对她说："李嘉，晚上我请你吃饭啊，我有很重要的事情跟你说，你可千万不能放我鸽子。"

李嘉聪明伶俐，如何不知于医生话里的含义，她心里犯了难，沉思了会儿后，笑着对与医生说："那我先得谢谢您，正好我也有事情找你帮忙！"

于医生很高兴，问道："什么事啊，我能帮的一定帮！"

　　李嘉笑着说："嘿，也没啥大不了的。就是我男朋友胸口老是有点发闷，我想问问您有没有什么大碍！他是不是该来医院看看啊？"

　　当对方还未将这份爱意真正说出口的时候，你可以运用暗示的方式委婉地拒绝他。这样对方至少能在保全颜面的同时"全身而退"，他受伤害的概率也会越小。所有人都知道"强扭的瓜不甜"，只要你能够运用合适的语言和方式，去暗示去警醒对方，想必对方也就渐渐地知难而退了。

　　你要是强行捅破那层窗户纸，带给双方的只能是伤害和难堪。运用巧妙暗示的方式，让对方不失体面地收回自己的爱，才是最正确的做法。

第10章　不越雷池，避免误犯的口才禁忌

在失意的人面前慎谈得意事

三国魏人李康著有《运命论》，其中有一句话叫作，"木秀于林，风必摧之；堆出于岸，流必湍之；行高于人，众必非之"。短短二十几个字却揭示了为人处世的大道理：一个人越是优秀、突出，就越要懂得虚怀若谷、韬光养晦，不能清高自傲、一意孤行。

聪明人，越是在得意时就会越低调，他不会时时将荣耀之事挂在嘴上，更不会拿它当作炫耀的资本。尤其是在失意的人面前，更是不会显露出半分半毫的得意之态。做人不能随意妄为，说话也不要随心所欲，你才能在社会上得到一席之地。

俗话说，酒逢知己千杯少，话不投机半句多。你在抛出那句未经思考的话语的瞬间，极有可能直接变成了对方"黑名单"上的一员。想要激起对方谈话的欲望，想要赢取对方对你的信任与好感，就要找到合适的话题。

话题并非要一成不变，与不同的人交谈，就要选择不同的话题。尤

其需要谨记的是，如果你的交谈对象是一个生活潦倒、颓废失意的人，就不要老是和他谈你的得意事。你说得越多，你对他的伤害就越大，他对你的印象就越来越差。在失意人面前慎谈得意事，这是一种修养的体现，也是一种生活智慧的凝练。

智者说："不要在一个不打高尔夫球的人面前谈论有关高尔夫球的话题。"你固然有权利在一个历经坎坷、郁郁不得志的人面前大谈特谈你的舒心事、畅快事，没有哪条法律规定你不能这样做，但这归根结底是一种情商低的表现。

高情商、好人缘永远体会在细节上，你面面俱到地照顾了对方的感受，对方自然会不自觉地想要亲近你、信任你。换位思考一下，假如今天这个失意的人是你自己，你又会期待着对方说出哪些话？是对你的关心、慰藉、鼓励之语，还是对方围绕着自己进行的一系列的长篇大论？答案不言而喻。

有些人觉得很委屈，自己根本没有要向对方炫耀的意思，单纯只是为了分享，对方为何要那么敌视自己。你要记住，失意的人都是很敏感的，他们正处于人生的低谷，无论是意志还是精神，都处于最脆弱的时刻，即使你那些话并没有掺杂着其他的意思，可是在对方听来都会是那么的刺耳、那么的嘲讽。

有些年轻人还没来得及练就深厚的涵养功夫，稍有得意之事，便会摆出一副昭告天下的派头。他们将得意之事挂在口边，逢人便大说特说，丝毫没有意识到自己已经成为别人心目中"器小易盈、小人得志"的代表。

尤其在失意的人面前，更不能随便地提起自己的得意事，你要多多考虑对方的心情和处境，你要多多照顾对方的感受，谨慎言辞，以免伤害了对方的自尊心。如果你将这一切都置之不理，只是一味地想要在对方面前抒发自己的得意与开心，让对方"共享"自己的喜悦与荣耀，那么你就做好被"绝交"的准备。

人这一辈子难免有失意的时候，看到别人失落、伤心，处境悲凉，不要落井下石，不要嘲讽讪笑，因为你永远也猜不到，下一次沦落到这种命运的会不会是你自己。敬人好比敬自己，你给予了身边的人足够的关怀与尊重，自然会得到丰沛的收获。

周日晚上，唐铭约了几个朋友来家中小聚，他们一边谈论着球赛一边喝酒聊天，气氛融洽异常。原本垂头丧气、沉默寡言的元丰也变得稍微开心了一点，唐铭敏锐地察觉到了这一现象，倍感欣慰。原来元丰最近生意失败，心情一直都郁郁寡欢，为了让他放松放松，唐铭才组织了这次聚会。

谁知道另一个朋友几杯酒下肚，开始吹嘘了起来："最近哥们儿刚刚小赚一笔，家里的老婆却吵着要去马尔代夫旅游，这个败家娘们儿……我估计我目前手里的这个项目还能让我狠狠赚一笔呢！年底争取换个大房子……"他说得唾沫乱飞，扬扬得意的样子让人十分反感。在场的人都沉默了起来，面带讥讽地听着他在那大吹特吹。

见没人理他，那个朋友嚷嚷道："对了，元丰，你最近怎么样啊？难关挺过了吗？你当初要是听我的，不去碰那笔生意，至于闹到这个地步吗？跟着我，有肉吃，知道吧！"

元丰冷冷地说："我穷得很，高攀不上你。"然后便借口上厕所，静悄悄地离开了唐铭的家。刚到楼下，唐铭便追上他，一边向他道歉，一边耐心地安慰着他。元丰眼圈一红，说："他太过分了，在我面前炫耀什么啊？我如今才明白，你唐铭才是值得交的朋友，像他那样的，身边的朋友肯定会越来越少！"

那么，面对失意的人，我们又该如何与之交谈呢？

一、一般来说，失意的人最需要的是一个耐心的倾听者，来倾听他内心的苦闷、惆怅和绝望。与失意之人交谈的时候，我们可以秉持着多听少说的原则，一边耐心地听，一边选择恰当的时机去附和，在他提出要求的时候积极为他出谋划策。你要表达出你的真诚、你的理解、你的感同身受，你要让对方觉得你可以信任。

二、你可以和失意的人多谈论谈论未来。未来对于失意的人来说，是一个很有诱惑力的词语。在失意的人看来，目前生活中的一切都显得那么的苍白，只有未来是鲜活的。对于未来的渴望将吸引着他们重新振作起来。想要打开对方封闭已久的心扉，不妨和他多谈谈未来。

直言是刀，伤人还伤己

在我们固有的印象里，性格耿直的人往往站在正义的一方。他们一般说一是一，说二是二，既不懂修饰，也不懂拐弯。面对世间一切不平的事，他们都能够放在台面上说，直言不讳，痛快淋漓。

电视上总会出现这种性格的好人，作家们也会在小说里用褒扬的口吻不遗余力地刻画着这种"耿介直言"的人物形象。我们习惯于为勇敢直言的人叫好，却丝毫没有意识到，这样的人在现实生活里的真实情景。

大家都听过"比干挖心"的故事，比干纵然勇敢正直，我们却替他不值。若不是过于耿直，他不会落得如此凄惨的下场。比干不满商纣王的昏庸残暴，频频向纣王直言进谏。他说话不懂委婉，心里有什么嘴上说什么，经常让纣王下不了台。比干将身家性命都抛到了脑后，一味地快言快语，纣王被批评得无言以对，勃然大怒道："你为何如此坚持？"

比干横眉倒竖，冲口而出道："君有诤臣，父有诤子，士有诤友，下官身为大臣，进退自有尚尽之大义！"

纣王咬牙切齿道："你倒是说说，何为大义？"

比干毫不退让，凛然道："前有夏桀暴虐残酷，不行仁政，所以丢了天下，您若将他作为榜样，一味暴政，难道不怕落得和他一样的下场吗？我今日直言进谏，正是大义所在！"

纣王气到了极点，阴笑道："吾闻圣人之心有七窍，信有诸？"话音刚落，身边的侍卫牢牢扣住了比干，在纣王的命令下残忍地挖出了比干的心。

比干固然忠诚，却也因为莽撞直言而丢失了性命。我们要铭记他的精神，却不要学习他的说话方式。

当直言针对的是坏人、伪君子的时候，它显得勇敢而正义，让人称赞不已；但当直言的对象变成我们自己的时候，它又是那样的戳人心扉，伤人肺腑。在现实生活中，没有人会将一个直来直去的人称为"英雄"，与这相反，他们一般是低情商的代表；也没有人会将他们的直言直语形容为"勇敢无畏""大公无私"，反而会指责他们太过刻薄，不懂得考虑其他人的感受。

当直言直语的人远离我们生活，仅仅出现在屏幕上和书上的时候，他们是那么的可爱，那么的值得珍惜。他们明辨是非美丑，不惧善恶对错，是一切美好品质的代表。而当这样的人出现在现实生活中的时候，"直言直语"却成了他们的致命伤。

想要理清错综复杂的人际关系网，游刃有余于任何一段关系中，你就要记住，婉言是和煦的春风，既抚慰了别人也安慰了自己；直言却是利刃，既伤害了别人也伤害了自己。

也许一开始你还暗暗期盼着身边能够多几个直来直去、直言直语的朋友，等你身边真的出现了这样的人后，你却会后悔不迭。直言之人性格直率而又较真，他们总是会毫无顾虑地指出你的错误，无论是在什么场合，也不管你是否能下得了台。他们会因为一件微不足道的事情追着你辩论三天三夜，直到你承认了自己的错误，赞同了他们的观点。

直言之人会在一开始就跟你挑明："我这个人就是性子直，我有什么就说什么，不会藏着掖着，你别计较。"一开始你还会因为他的坦率而心生好感，等到对方真的弄得你下不了台的时候，你却发现自己哭也不是笑也不是，左右为难。若跟他翻脸，显得自己太小气；若不"怼"回去，心里这口气又咽不下。

就算你不跟对方翻脸，他那些尖锐的话语却深深地留在了心间，短时间内，你是走不出这种心理阴影的。

方芸性格直爽，说话一向直来直去不懂拐弯。因出众的工作能力，他在公司里爬到了中层领导的位置，却再也无法继续升迁。他人很好，是个热心肠，却一直有着很差的人缘。这一切都是因为他那"要命"的性格，让他腹背受敌、非议众多。

方芸这个人在人情世故上一窍不通，每当下属们在工作上出现了失误，他就会完全不顾场合，总是直截了当地提出批评，搞得对方恨不得找个地洞钻进去。若是这事出现在了上司身上，他也会毫无顾忌，有一说一、有二说二。有一次在年会上，上司发表年终总结，一不小心说错了一个数据。方芸直接站了起来，当着所有人的面指出了这个错误，上司愤怒地看着他，气到了极点。很长一段时间里，上司都对他爱搭不理，结果他还是没有意识到问题出现在哪里。

直言直语的人习惯一吐为快，不管三七二十一自己先说个痛快再说，他们往往只能看到问题的表象，却忽略了问题的实质；往往只考虑到自己的立场，却忘记了旁人的感受。

而现实是，人不可能活在冷冰冰的规则和事实中，人永远活在一个人情的社会里，你的"直言"不管有没有道理，有没有说中事实，一旦给别人造成了伤害，一旦引起了别人记恨、反感的情绪，都是得不偿失的。在这种情况下，你的人际关系自然会出现阻碍，别人要么会主动远离你，要么就会想办法孤立你，将你赶到一个小角落里去。

忠言不一定非要逆耳

古人云："良药苦口利于病，忠言逆耳利于行。"这话确实不错，纵观历史，究竟有多少忠臣良将因为忠言进谏而被株连九族，又有多少帝王将相因为偏信阿谀奉承而走向灭亡？这句"老人言"一直被沿用到了今天，常常被人们用来劝谏、教育身边的人。

但转念一想，忠言必须逆耳吗？听起来顺耳的话一定不是忠言吗？也不见得。战国时期，齐威王沉湎酒色荒废朝政，无人敢以直言劝谏。淳于髡为了劝服齐威王，以"国中大鸟"为喻，暗示齐威王三年不理朝政，致使诸侯并侵，国力衰微。齐威王自己却说道，此鸟若一朝奋起，便是"不飞则已，一飞冲天；不鸣则已，一鸣惊人"。

淳于髡的目的是为了劝谏齐威王"改过自新"，他并没有义正词严地将那一套套刺耳的大道理挂在口边，而是另辟蹊径，用暗喻的方法巧妙地表明了自己的来意，也收到了很好的效果。历史上的齐威王自此振奋精神，励精图治，很快便夺回了失去的国土。

　　曹操的二儿子曹植文思敏捷，才华横溢，让曹操很是欣慰，相反，大儿子曹丕却没有那么优秀，常惹曹操生气。他决心要"废长立幼"，废掉曹丕，扶持曹植成太子。前朝大臣们却认为这个做法会损害国家的利益和安定，劝曹操收回成命。曹操因为此事和臣子们闹得很僵。

　　有一天，曹操在空无一人的密室内接见谋士贾诩，询问他的意见。贾诩却一直沉默不言，惹得曹操勃然大怒。贾诩这才慢条斯理道，自己刚才正在思考一个问题，所以没有及时回答曹操问话。曹操问他究竟在想什么，贾诩一字一句道："我想到了袁本初、刘景升父子。"曹操愣了愣，随即大笑，就此打消了废长立幼的想法。

　　原来当年袁绍也曾废长立幼，结果导致几个儿子争斗不休，朝政大乱，这才让曹操有了可乘之机，一举灭了袁绍。

　　忠言并非一定要逆耳，顺耳之忠言反而能够被对方顺利地接纳，并深深记在心里。

　　同样，听起来很刺耳的话也不一定就是忠言。《孙子兵法》中记载的"激将法"便很好地佐证这个观点。施计者不断地用讥讽、瞧不起的语气挑唆起对方的好胜心，致使其不计后果，武断行事。《水浒传》中梁山一百零八将，绝大部分都是因为这个原因败阵或者丧命。

　　忠言为什么一定要逆耳呢？言语是人与人之间沟通的最重要的工具，它是带有温度的。所谓"良言一句三冬暖，恶语伤人六月寒。"发自真心的善言能够令人心生欢喜，出于好意的恶言却也可能令人痛彻心扉。

条条大路通罗马，既然有那么多条路都能够到达目的地，你又何苦一定要选择一条最艰辛、最曲折的道路呢？既然有那么多种说话的方式都能够让你成功地说服他人，你为什么不选择一种最温和、最巧妙、最容易让人接受的方式呢？话是死的，人是活的，怎么说在于你自己。

《邹忌讽齐王纳谏》的故事可谓街知巷闻，这个历史故事充分地印证了语言是一门艺术。邹忌用幽默风趣的言语娓娓地道出了想要陈述的道理，"顺着虎毛摸虎屁股"，齐王便顺理成章地接受了邹忌的建议，自此后广开言路，虚心地纳谏除蔽。

因着良药大多苦口，人类才在药丸表面裹上一层糖衣，既保留了药效，又减轻了人们对于苦药的畏惧和抗拒。同理，如果言者讲究艺术，用特殊的方式将忠言"装扮"一番，再向对方传递，不仅容易被对方接受，还能收到意想不到的效果。

　　美国前总统约翰·卡尔文·柯立芝曾经有一位女秘书，身材苗条，气质出众，是个难得一见的大美女。但这位漂亮的秘书小姐太注重自己的外貌，工作的态度不是很认真，处理过的公文总是错漏频频。一天清晨，女秘书走进柯立芝的办公室，为他端来了一杯咖啡。柯立芝抬头看了她几眼，称赞道："这身衣服很衬你，这明艳的颜色正适合你这样年轻漂亮的小姐。"女秘书简直受宠若惊，要知道柯立芝平时不苟言笑，很少能够听到他称赞自己。

　　柯立芝微笑道："别骄傲，我相信你处理的公文也能和你一样漂亮。"女秘书感动地点点头，走出了柯立芝的办公室。从那以后，她对待工作极其投入认真，在本职工作上也很少出错。朋友知道了这件事情，对女秘书的转变很好奇，柯立芝缓缓说道："知道为什么理发师给人刮胡子前都要先涂一层肥皂水吗？就是为了刮起来的时候不疼。"

在现实生活中，勇于接受他人批评、意见的人很多，但是由于逆耳的忠言闹至反目成仇的案例也并不鲜见。尽管你是抱着为对方好的目的，才忠言直谏，但记住在说之前一定要先考虑一下对方骨子里的性格、此时此刻的情绪状态，再酌情设计一种对方能够接受的方式，以免引起对方的反感，使劝服的效果大打折扣。

你可以耐心细致、娓娓道来；可以推心置腹、透彻说理；可以寓理于谈笑间，幽默风趣地阐明真理；可以采取委婉暗示的方式，让对方自己去体会；还可以再三举例，刨开事实，将利弊放在台面上分析得清清楚楚。

总而言之，要根据不同的人去采取不同的方式，切记不要站在道德的制高点，义愤填膺、咬牙切齿，将对方批得"狗血喷头"、一无是处；也不要冷言冷语，一盆冰水将对方浇个透湿；更不要说千篇一律、让人反感至极的大道理。

忠言未必都要逆耳，你既然出自好意、善心，为何不让你的言语也温暖起来呢？很多时候，只有动之以情、晓之以理才能收到预期中的效果。

玩笑有度，不是所有笑话都幽默

任何一个时代都少不了幽默。曾经有人评价说，毫无幽默感的人像极了一尊沉默的雕像，缺少幽默感的家庭像极了一间冷清寂静的旅店，没有幽默感的社会像极了远古时代冷冰冰的石头城。前文一再强调，幽默是一种高深的智慧，是人际关系间的润滑剂，它对于每个人的人生来说都至关重要、必不可少。

幽默的重要性毋庸置疑，本篇中我们需要解决的是幽默与玩笑之间的区别。幽默包括玩笑，但不是所有的笑话都是幽默。风趣幽默、恰当得体的玩笑是经典的幽默；别有用心、指桑骂槐、粗鄙难听的玩笑之语却只是一种不知分寸的失礼行为，说出这种笑话的人自己反倒成了看客眼里的笑话。

朋友、熟人之间经常会互相开开玩笑，要不彼此贬损几句，要不抛出个幽默的段子惹得大家会心一笑。这些玩笑话既可以活跃场上的气氛，也能够融洽彼此间的关系，使交情更深一步，可谓一举数得。

另一些玩笑却能够让原本友好融洽的气氛瞬间变得剑拔弩张起来，甚至让两个人的关系就此破裂。开玩笑的那个人尴尬，被开玩笑的那个人气恼，看客们面面相觑，这一切都是过度的玩笑惹的祸。

最近，发生在北京某小学的一场风波让网友们关注不已，一个10岁男孩儿在上厕所的时候，两个同班同学将厕所里的脏纸篓倾倒在他身上，男孩儿大哭起来，为了清洗干净被弄脏的头发，他冒着寒冷的天气用冰冷的自来水洗头。回家后，男孩儿异常的情绪引起了母亲的注意，在她的询问下，男孩儿坦白了事情的经过。这位母亲气得直发抖，在网上写了一篇文章抨击这件事情，引起了网友们的广泛关注。

有的网友说，这只是孩子间的玩笑，是互相逗乐的方式，母亲太过小题大做。连男孩儿的班主任也说，这只是一场玩笑而已。却也有人质疑，这种伤害人心的玩笑实在是太过分了，太欺负人了。事态愈演愈烈。之所以造成这样的严重后果，就是因为一场过分的玩笑。

开玩笑一定要适度，并不是所有的笑话都是幽默。开玩笑要因人因地因时，再来决定内容，不要脑子一热，张口就来。得体的玩笑是人际关系的开端，过度的玩笑却能够毁了你的人际关系网。

所谓"病从口入，祸从口出"，玩笑不当必将伤人伤己。齐国晏子出使楚国，楚人轻视晏子身材矮小，便想着开个玩笑来捉弄捉弄他。楚人打开狗洞，得意扬扬地站在一旁，"恭请"晏子入内。晏子并未生气，反而淡淡笑着说："出使狗国才会从狗洞进出，楚国为何自认是狗国？"楚人急了，想出言反驳，却又不知道该说什么好，只好乖乖地打开大门将晏子迎了进去。

晏子进殿拜见楚王，楚王见晏子五短身材、其貌不扬，便也想拿他戏谑一番。只见楚王"扑哧"一声笑了起来，说："偌大的齐国居然找不出一个有用的人才，你国为何派一个矮小无德之人出任使臣？"晏子不慌不忙道："楚王您有所不知，我们齐国派遣使臣有个规定，贤德之人去见贤德的王，失德之人就只配见失德的王……"

楚王哑口无言，脸上一阵红一阵白。

开玩笑是有讲究的，玩笑开得好，能够为我们带来很多好处，玩笑开得不好，却会为我们带来一大堆隐患。那么开玩笑究竟要讲究什么原则呢？

一、开玩笑要遵循适度的原则。

《关雎》是《诗经》全书的开卷篇，影响力远远超过其他篇目。孔子曾评价说："关雎，乐而不淫，哀而不伤。"说的就是一个适度的原则。无论做什么，都要把握一个尺度，玩笑也是这样。如果你不懂得适可而止这个道理，那么你一定会因为自己过火的言行而付出代价。

玩笑要过度，一言一行都要慎重有礼，既体现了你的涵养，又不会因此冒犯、伤害别人，更避免了无穷的"后患"和无用的追悔。

二、开玩笑要分清楚对象、场合和时间。

开玩笑要看对象，要根据对方的身份地位、教育背景、性格爱好等因素再选择玩笑的内容和方式。假如你面对的是一位优雅的女士，你就不能开一些过于粗俗露骨的玩笑；假如你面对的是一位严肃的军人，你就要尽量避免说一些自以为幽默的网络流行语或者内涵段子。

开玩笑要看场合，庄严肃穆的场合不要说低俗的笑话；喧闹市井的场合也不要端着身份，不妨讲讲接地气的笑话和周围人打成一片。

开玩笑还要看时间，最好选择在对方心情舒畅的时候。如果对方正在因为某件事情生气闹别扭，或者遭遇坎坷情绪失落，不要轻易开一些过激的玩笑。

三、学会尊重他人，玩笑切勿低俗。

开玩笑的时候最好不要触及对方的缺陷和弱点，内容更不要涉及隐私。尊敬他人、同时又妙趣横生的玩笑，才算得上是真正的幽默。同时，玩笑不要粗鲁低俗，开这类玩笑既容易暴露出你粗鄙的品位和浅薄的文化修养，又容易给周围的人留下深刻的坏印象，可以说是得不偿失。

正话反说，容易让人接受

在日常生活中，实话实说并不一定会起到预期的效果。前文中就曾披露，直言直语的人容易伤透人心甚至惹祸上身。这时候，我们若是能换个思路，将"正话"反着表达出去，却更容易让人接受。正话反说是交谈中的技巧之一，在运用得当的情况下，说服力会大大增加。

五代十国时期，李存勖建后唐政权，庙号为庄宗。他很喜欢狩猎，兴致一来就会组织大批人马进行狩猎活动。有一天，庄宗亲自率领大批骁勇侍从前往中牟，打猎取乐。但是正处于庄稼丰收的季节，农田里一片金黄，串串稻穗饱满充实，长势喜人。

侍从们骑着马，在农田里横冲直撞，不一会儿就将庄稼践踏得七零八落，现场狼藉一片。当地的农民心如刀割，纷纷将这件事情禀告给了县令何泽，哀求他想想办法，劝阻庄宗去别处打猎。何泽为难地应承了下来，带着部下赶往中牟，潜伏在草丛中，看着一片片被踩得东倒西歪的稻谷，不由也痛心疾首起来。

正巧庄宗骑着马从何泽身边经过，何泽脑子一热，不由站起身来，几个箭步来至马前，揪住马鬃，强迫马停了下来。随后，何泽跪地请罪，劝谏庄宗顾惜农人心血，前往别处打猎。庄宗恼怒异常，厉声斥责何泽惊扰圣驾，犯了死罪，让侍卫拉走何泽，当场处死。何泽虽然耿介直爽，这会儿心里不由得也惴惴不安了起来。

在这生死攸关的时刻，一个叫作敬新磨的伶人挺身而出，呵斥何泽道："何泽，你可知罪！你明明知道圣上喜欢狩猎，为何还要怂恿百姓耕地种田？就为了向国库上交那点赋税吗？你就该让百姓们将这块土地空出来以供陛下驰骋狩猎！若能满足陛下的心意，百姓们挨点饿、受点冻也是应该的！你犯了这么多死罪，简直是不可饶恕！"

说着，敬新磨的同伙们也唾骂起何泽来。庄宗听着听着却笑了起来，当即命人释放何泽，并严令身边的侍从再不许践踏农田。

上面的案例深刻地印证了当正话反说这样一种沟通策略被运用得当的时候，将会取得惊人的效果。在日常的交谈中，我们总会遇到一些难以启齿的话题，我们心里总憋着一大堆不便直言却又不吐不快的话。如果这时候我们能够学着从相反的角度入手，将话语中尖锐的"棱角"磨平，用一种含蓄的手法去表达出原有的意思，既可以消融某种尴尬，让气氛重新变得愉快起来，又可以让对方轻易地接受我们的观点。运用得当了，还能产生一种独特的幽默。

某部电影的发布会上，某新晋导演问观众："你们觉得我的电影拍得怎么样？"一个观众回答说："您拍得很好，大家都说您这部电影简直拍出了影迷们的心声，非常符合他们的欣赏水准！"

导演不悦道："那为什么电影刚刚放到一半，人就走得差不多了呢？"

那位观众装作认真的样子回答说："这是因为大家和您心有灵犀一点通，对接下来的剧情早就了然于胸啦！"这句话一说完，现场笑成了一片，连那位导演也撑不住笑了起来。

相信所有人都能听出，这位观众听起来每句话都是在夸赞导演，实际上却是在"正话反说"，是在用一种委婉而又不失风趣的方式来表达出内心的真实情感。

当我们需要向别人提出意见的时候，不妨尝试着采取这种"正话反说"的技巧，有目的地去创造一个相对轻松的氛围，这样对方接受起来也比较容易。

有一则以戒烟为主题的公益广告的创意非常棒，简直叫人拍案叫绝，听听它的广告词就知道了："抽烟有四大不容忽略的好处：一是节省布料，因为吸烟容易罹患肺痨，会导致驼背，身体萎缩，穿衣尺码会变得越来越小；二是可以防贼，抽烟的人常常患气管炎，一咳嗽起来就是一个通宵，贼只能守在门外根本没有下手的机会；三是可以防蚊，抽烟的人时刻吞云吐雾，蚊子见到了也只能远远躲开；四是永葆青春，据数据统计，抽烟之人的生命较常人更短，不待年老便可登上天堂，永葆青春靓丽。"

当初这则广告在电视上播出的时候令很多人都印象深刻，它并不以大道理去向人们阐述、罗列吸烟的种种坏处、苦口婆心地劝导人们不要吸烟，反而通篇围绕着吸烟的"四大好处"来诉说着它真正的建议，让人们在笑声中接受吸烟有害健康的道理。

当我们需要向对方表达批评，或者展现不满的时候，可以说一些反话，拐弯抹角地表达出我们真实的想法。这样，气氛就不至于弄到剑拔弩张的地步，对方听起来也入耳一点。

汉朝时，公孙弘官至丞相，声名远扬，而汲黯也是当时有名的忠臣，深受汉武帝的信任。有一次汲黯当着百官之面弹劾公孙弘，说他位居三公身份高贵，又拿着不菲的俸禄，却一味地节衣缩食，寒冬腊月里也只盖着一床薄薄的棉被，这一切都只是想要获得一个清正廉明的好名声而已。汉武帝听了汲黯的话后，皱着眉头问公孙弘："你还有什么好说的？"

公孙弘不羞不恼，坦然道："文武百官中，汲黯与我的交情最深，他是了解我的人，他说得不错，我身为丞相，这么多年却一直过着如平民百姓一般寒酸的日子，连棉被也只盖一床，目的就是为了博取一个好名声。汲黯如此忠贞，如果不是他，皇上您又怎能听到大臣们对我的批判？老臣知罪，请皇上惩罚！"

公孙弘的这一番"坦诚"成功地说服了汉武帝，打消了汉武帝对他的猜疑，从此后，公孙弘反而更受器重。他表面上处处承认汲黯对他的弹劾，实际上却是在用"正话反说"的方式去辩驳，反而更有力量。

别人的隐私，要么拒之门外，要么烂在肚子里

报纸、杂志上的娱乐新闻很受大众们的欢迎，社交论坛上八卦板块总能获得最高的浏览量，这一切都表明，公众们或多或少都有着"窥私欲"。人们不只对名人们的隐私很好奇，对身边的人的隐私也常常流露出异乎寻常的兴趣。我们得正视自己身上的"窥私欲"，并有效地去控制它。

每个人心里都有点小秘密，没有人愿意将自己的隐私赤裸裸地暴露

在大众面前。一旦自己的隐私被人知晓，难免会有羞愤难堪之感。隐私是一种个人私生活的秘密，既然它与公众利益无关，就不要对它抱有太多的好奇心。如果你一定要去窥探别人的隐私，就得做好沾染是非的准备。

《增广贤文》中说"静坐常思己过，闲谈莫论人非"，不要因一时的"嘴爽"，去闲聊八卦他人隐私。对于别人的隐私，你要么将它拒之门外、不理不睬；要么将它烂在肚子里，让闲言碎语从你这儿截止。

总而言之，不要轻易触碰隐私这块敏感区。

夏瑜和翠琳是一对好闺密，她们是同班同学，又住在同一个寝室，两个人一直形影不离同进同出。夏瑜无意中发现，翠琳是一位富商的私生女，她和母亲靠着富商的资助，一直过着优渥的生活。看着夏瑜震惊的样子，翠琳心里很难过，生怕夏瑜和其他人一样会因此看不起她。翠琳越想越气，不由委屈地哭了起来。夏瑜慌了，手忙脚乱地安慰着翠琳，无奈地说："好了好了，我也跟你说一个秘密，这样我们就扯平了！"

翠琳好奇地抬起了头，夏瑜不好意思地说了起来。原来她一直有狐臭的毛病，所以她才那么喜欢洗澡。几年前她做过狐臭手术，身上的异味好多了，但是并没有彻底根除这个毛病，只要她不注意，那种恼人的气味又会袭来。知晓了双方的秘密，两人互相安慰了起来。

不久，夏瑜交了男朋友。有一次，她和男友逛街的时候，撞见翠琳的富商父亲开着豪车来接翠琳，男友很好奇，追问个不停，夏瑜便多说了两句，让男友知道了这个秘密。没想到男友转头就告诉了自己宿舍的人，没过多久，这个秘密就在班级里传开了。翠琳觉得受到了背叛，故意将夏瑜有狐臭的事情散播了出去。夏瑜分别和男友、翠琳大吵了一架，又分手又绝交，闹得心力交瘁。

朋友如果愿意同你分享秘密，证明他对你依赖又信任。不要辜负这份沉甸甸的信任。不要在背后八卦他人是非，如果有人在你面前说得不亦乐乎，不要参与进去。你要将别人的隐私通通拒之门外，千万不要做那种肤浅的"长舌妇"。如果你知晓了别人的隐私，也要为他守住秘密，将它嚼碎咽进肚子里，从此后绝口不提。

社会这么复杂，如果你心里没有一点算计，就会稀里糊涂地变成别人手中的棋子。你得把好口风，说该说的话，信值得信任的话，凡事都要在心里多盘算几遍，再去付诸行动。所谓"害人之心不可有，防人之心不可无"，谨慎一点没有坏处。

一个星期前，卢琴所在部门的主管辞了职，这个位置便空了出来。卢琴来公司已经有好几年了，自认资历、能力都很符合部门主管的各项要求，她很想竞争这个职位。卢琴私下里偷偷地准备了起来，工作也比以往更卖力起来。另外一个女同事晓晓觉得奇怪，追着卢琴问了起来。卢琴和晓晓关系一直都很好，她没多想，将心里的打算全部说给了晓晓听，还给她看自己为竞争部门主管所收集的各项资料。

就在这个时候，另一名男同事却向卢琴表示了好感。卢琴已经有相恋多时的男友，便委婉拒绝了男同事的表白，虽然他很伤心，却很快地振作了起来，两人还维持着以前友好的同事关系。晓晓察觉到了点苗头，便缠着卢琴问个不停，卢琴又将这件事情告诉了她。不久后，公司里突然谣言四起，卢琴想要竞争部门主管的事情被传得沸沸扬扬，她和男同事的那点事也闹到了人尽皆知的地步。流言蜚语将卢琴推向了风口浪尖，最后她竞争主管职位失败，那个男同事也离开了公司。

当她质问晓晓的时候，对方一开始装无辜，后来却冷冷地说："你自己都守不住秘密，还指望别人帮你守秘密吗？"

不要轻易闲聊他人隐私，也不要轻易吐露自己的隐私。因为隐私本来就是一个很私人的事情，它一旦被他人干预、被公众知晓，就会生出无穷事端，给你带来各种麻烦。在八卦他人隐私之前，想一想自己是否已经做好了"被绝交"的准备，想一想这种行为会产生的各种后果。在向他人吐露自己的隐私之前，想一想你的言论为自己带来的是安慰还是伤害，想一想怎样做才能让自己一直处于安全地带。

每个人都有着自己的小秘密，一旦吐露出去，对个人形象可能是一种无法挽回的伤害。不要随便打听别人的隐私，不要在背后议论别人的隐私。如果你已经知道了别人深藏心底的秘密，请守口如瓶，不要透支别人给予你的厚爱与信任。

话多不如话少，"一吐为快"未必真的快乐

三国时期，东吴孙权麾下有名大臣叫作诸葛瑾，别看他平时沉默寡言惜字如金，往往到了关键的时刻，诸葛瑾却能用简单的一两句话点清是非，陈明利弊，叫人刮目相看。有一次校尉殷模因某件事情遭到了孙权的误解，孙权一怒之下，令人将殷模五花大绑，要将他砍头示众。人人都知孙权乃一时冲动，

纷纷上前劝说，却都没有能够成功地让孙权回心转意。

诸葛瑾静静站在一边，一言不发。孙权阴沉着脸问道："子瑜为何一声不吭？"子瑜是诸葛瑾的字，只见他静思片刻，缓缓道："想当初我与殷模的家乡遭遇战乱，民不聊生，因此才来投奔陛下，如今殷模他自己不思进取，得罪了陛下，还有什么好说的呢？"

孙权听了诸葛瑾的话，突然想起殷模当初不远千里投奔自己的情形，和他多年来为自己出生入死的情谊，差点流下热泪来。最后，孙权还是命人放了殷模，赦免了他的过错。

诸葛瑾向来"沉默是金"，关键时刻才口吐金言，却成功地挽救了殷模的性命，所以有句话叫作："话多不如话少，话少不如话好。"可谓是颠扑不破的真理。

有时候，哪怕你长篇大论滔滔不绝也抵不上别人轻飘飘的一句话。你说得虽然多，却句句离题十万八千里，话不在点子上，等于白说。聪明人永远能够在适当的时候说适当的话，哪怕只要一句，却能够成功挽回局势，达到出其不意的效果。

古人对待言语的态度是无比谨慎的，他们认为"言出如箭，不可乱发，一入人耳，有力难拔"，正是这种小心翼翼的态度，让他们经常"话到舌尖留半句"，"宁失骏马，勿失己言"。对于如今的年轻人来说，长辈们也经常教导我们"祸从口出，言多必失"，不要由着自己的性子一吐为快，这样吃亏的一定是自己。

林芳大学毕业后去某传媒公司应聘策划一职，面试还算顺利，主考官对她的印象也不错。临近结束的时候，主考官对她说："一周内公司会给你发复试通知，请耐心等候。"林芳急了，焦躁地道:"还要等一周吗? 贵公司能够在三天之内给我答复信息吗? 一周后我未必能够去参加你们的复试,因为我手头有好几家单位都打算录用我呢!"

　　就这一句话,让之前的好印象顷刻间烟消云散。主考官看了她一眼,不满地皱起了眉头,冷冷道:"既然你已有打算,那就请便吧!"

有些人根本没有弄懂说话的艺术,却又经常自作聪明,往往在关键时刻冲出一句不得体的话语,目的是为了帮助自己"光芒四射",殊不知这一"射",变成了自己被淘汰的关键。假如你没有把握,不如韬光养晦,少说一点,或者干脆沉默。

在日常的生活中,我们需要和不同的人打交道,这意味着我们需要随时转变自己说话的方式,适时适当地"恭"其所需,这才是高情商的表现。切记不要习惯性地以自己为中心,只顾滔滔不绝地去抒发自己的感受,却忽略了对方的需求。这样的人容易给他人留下一种聒噪、肤浅、毫无修养的印象。

你话说得多了,出言又不够深思熟虑,极有可能会在无意中得罪别人,闹得不好就会生出一些是非。

冯梦龙在《警世通言》中写了一首打油诗:"广知世事休开口,众人面前只点头,倘若连头俱不点,一生无愁亦无忧。"说的便是"话多不如话少,话少不如话好"的道理。其实这首打油诗是从苏东坡的"广知世事休开口"的故事化用而来。

　　有一天,大文豪苏轼去拜访当朝宰相王安石,恰巧王安石正在会客,便抱歉地向苏轼道:"抱歉,劳烦稍等片刻,我这就来!"说着吩咐府里的下人将苏轼引入书房等候。

　　苏轼一面品着仆人端上来的茶水，一面细细地打量着这间书房，突然看见书案上摆着几张宣纸，其中一张宣纸上写着半首咏菊之诗，墨迹未干。苏轼在心中默念道："秋风昨夜过园林，吹落黄花遍地金。"

　　他细细地品评了一会儿，忽然摇头道："不妥，不妥，此公当年一支妙笔，写就多少锦绣文章，如今却文思阻滞，连常理都大不通也，岂有菊花落瓣的道理？"他未加思索，提起笔来就在后面加了两句："秋花不似春花落，说与诗人细细吟。"

　　写罢后他细细读了一遍，隐隐觉得不妥，却因有事匆匆离去没有细细阐明。王安石会完客后知道苏轼已离开，又发现了苏轼那两句续诗，不禁勃然大怒，在官册籍上大笔一挥，称苏轼"少见多怪，缺乏历练"，便将苏轼"流放"黄州去看"菊花落瓣"了。

　　很多时刻，"多言"还真不如"少说"为妙，如果你实在是管不住自己的嘴，就去多多说一些赞美、鼓励的话。虽然说言多必失，但人都是喜欢听好话的，哪怕听再多"甜言蜜语"也不会腻味。

　　有一句成语叫作"唇枪舌剑"，将口舌比作"枪剑"，可见其威力。人不是一生下来就会招惹是非，而生活中的大部分是非却都与"嘴"息息相关。管不住这张嘴，你在人生之路上会处处受阻、处处难行。

　　一张嘴既能生出好事，也能生出坏事，人人都该学会怎样去利用好自己的这张嘴，多为自己捞点福运，多为自己规避祸端，你才能成为人群里最幸运的人。